dtv
premium

Ditte und Giovanni Bandini

Das
VAMPIRBUCH

Deutscher Taschenbuch Verlag

Für unsere Katrin

Originalausgabe
November 2008
Deutscher Taschenbuch Verlag GmbH & Co. KG,
München
www.dtv.de
Das Werk ist urheberrechtlich geschützt. Sämtliche,
auch auszugsweise Verwertungen bleiben vorbehalten.
Umschlagkonzept: Balk & Brumshagen
Umschlagbild: Tom Ungemach/Die Illustratoren Corinna Hein
Satz: Greiner & Reichel, Köln
Gesetzt aus der Italian Old Style
Druck und Bindung: Kösel, Krugzell
Gedruckt auf säurefreiem, chlorfrei gebleichtem Papier
Printed in Germany · ISBN 978-3-423-24702-3

Inhalt

Vorwort 7

Totgesagte leben länger 9

Mit einer lesbischen Liebe fing alles an 13

Draculas Vater 21

Wer war Dracula wirklich? 29

Der Massenmörder als Vampir 37

Mord im Namen des Vampirs 45

Was einen Vampir ausmacht 52

Was man sich früher über Vampire erzählte 62

Was also ist ein Vampir? 71

Die Magie des Blutes 78

Die Wesen der Nacht und die Macht der Finsternis 86

Miniaturvampire oder Pissdämonen 91

Auch der Werwolf mag es blutig 98

Familienbande? Von Wiedergängern und schmatzenden
    Toten, von Nachzehrern, Zombies und Ghulen 109

Verflucht bist du, du bist verflucht:
    Schutz und Abwehr 126

Meine Ruh ist hin, mein Herz ist schwer ... oder:
Sind Vampire glücklich? 135

Der Reiz der Erotik und die Lust an der Qual 139

Mein Liebster im Sarg: Der persönliche Vampir 146

Psivamps oder: Auch Vampire gehen mit der Zeit 155

Vampyre und die Gothszene 168

Der perfekte Grenzgänger 184

Anhang 191
Danksagung 193
Quellenhinweis 195
Ausgewählte Literatur 201
Register 211
Bildnachweis 216

Vorwort

In seiner Drei-Bilder-Geschichte »Nachricht über Ghoule« erklärt Robert Gernhardt: »Sie kommen aus dem Dunkel … Sie töten lautlos … Und sind doch privat ein mopsfideler Haufen.« Zuerst sieht man eine vergnügt lächelnd anfliegende Fledermaus, dann eine ehrbare Frau, die von ihr in den Hals gebissen wird, und schließlich vier lustig mit Luftballon, Ziehharmonika und Wein feiernde Fledermäuse.

Allerdings irrte der große Gernhardt, und zwar gleich in dreifacher Hinsicht: Unseres Wissens nehmen Ghule nicht die Gestalt von Fledermäusen an, noch beißen sie würdigen Damen in

Sie kommen aus dem Dunkel …

Sie töten lautlos …

Und sind doch privat ein mopsfideler Haufen.

den Hals, noch sind sie ein mopsfideler Haufen. Das aber sind auch die Vampire (die er ja wohl eigentlich meinte) nicht. Man könnte sagen, sie waren früher und sie sind heute alles mögliche, nur nicht mopsfidel – und das, obwohl sich im Laufe der Zeit und ganz besonders in den letzten Jahrzehnten ihr Charakter stark gewandelt hat.

Viel wurde über den Vampir geschrieben, viel über seine echte alte Seite, viel über ihn als literarische oder filmische Gestalt, manches auch über die neuen Vampirvarianten; Alt und Neu werden aber eher selten miteinander verknüpft.

Ein Mensch, der plötzlich die Erinnerung an sein früheres Leben verliert, schwebt irgendwie ohne Wurzeln im Raum. Analog dazu wäre es schade, wenn die Liebhaber des heutigen Vampirs nichts mehr oder kaum etwas über seinen wahren Ursprung wüssten. Oder wenn andererseits die Verfechter des alten Vampirs den neuen in Bausch und Bogen verdammten und ihm nicht das Recht auf Wandlung zugestehen würden. So haben wir uns vorgenommen, jüngere Menschen mit den alten Vampiren und ältere Menschen mit den jungen Vampiren bekannt zu machen. Auch kann es nicht schaden, wenn die alten Vampire mit den jungen Freundschaft schließen und umgekehrt, schließlich müssen sie als Untote noch ein Weilchen miteinander auskommen – denn falls sie nicht gepfählt wurden, so leben sie noch heute …

Wiesenbach, im März 2008

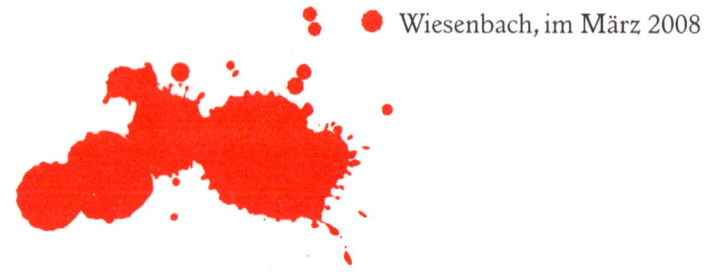

Totgesagte leben länger

G ibt es Vampire?«

»Ja. Im Sinne von Dämonenwesen, die sich an deinen Seelenkörper hängen können. Wenn du erst den Erdenkörper verlassen hast, könnten sie durchaus zur Realität werden. Man macht allgemein den Fehler, ein irdisches Leben als das Leben schlechthin anzusehen. Dabei ist es nur eine verschwindend kurze Zeitspanne.

Es gibt nichts, was der Mensch erfunden oder erschaffen hat. Alles, was in Filmen und Literatur auftaucht, gibt es wirklich und gelangt durch Inspiration der Literaten und Filmemacher auf die Erde.

Ich kann euch sagen, da drüben sieht's oft noch viel grotesker aus, als der Mensch es sich vorstellen kann.«

So antwortet ein anonymer Gast auf die Frage der Chatterin Babsy, auf der Internetseite Allmystery.de.

Woraufhin etliche Mitglieder verbal über den anonymen Gast herfallen und sich über ihn lustig machen. Einer von ihnen weiß nicht, ob es Vampire gibt, aber immerhin, dass Dracula wirklich existierte – denn er war, so erklärt er, ein »arabischer Fürst«.

Ein anderer Teilnehmer fragt ihn daraufhin, was jemand, der so wissenschaftsgläubig sei, in einem Mysteryforum verloren habe, um sich gleich darauf die Frage selbst dahingehend zu beantworten, dass er eben offenbar nicht alle Fragen in seinen Schulbüchern beantwortet fände.

In der Folge entspinnt sich eine längere Diskussion über Sein, Wahrnehmung, Wissenschaft und den Sinn des Lebens.

Ähnliches lässt sich auf zahllosen weiteren Internetseiten wiederfinden. Dieselbe Frage, ähnliche Antworten, manche von

Skeptikern, Zynikern, die alles ins Lächerliche ziehen, sich wichtig machen wollen, mit Halbwissen prunken, andere von solchen, die felsenfest von der Existenz von Vampiren überzeugt sind oder sich gar selbst für Vampire halten, und wieder andere von Vorsichtigen, die versuchen, einen Mittelweg zu gehen. Das Thema als solches ist jedenfalls überaus lebendig und wird mit großem Eifer und viel Energie und oft auch höchst kontrovers diskutiert.

Zunächst mutet so etwas in unserer heutigen technisierten und scheinbar völlig entzauberten Welt überaus seltsam und verwunderlich an. Da streiten sich junge Leute, IT-Cracks, die mit links raffinierte Webseiten programmieren können, über die Frage, ob es Vampire gibt oder nicht. Man sollte doch annehmen, etwas derart Verstaubtes wie Vampire wäre das Letzte, worüber sich die heutige Jugend den Kopf zerbricht.

Rollenspiele, in denen sich sämtliche Monster und überirdischen Wesen, die man landläufig oder auch nur dem Namen nach kennt, tummeln, haben Hochkonjunktur; kein Wunder, schließlich handelt es sich dabei um *Spiele*, und die Monster sind gewissermaßen die Spielfiguren. Deswegen muss man ja nicht gleich an sie glauben. Drachen, Orks, Elben und Zwerge können die übermenschlichsten Dinge vollbringen, und indem man in deren Haut schlüpft, vollbringt man sie selbst. Gewissermaßen Dauerfastnacht für Jung und Alt – nur mit weit höherem Anspruch.

An manche dieser Wesen glauben viele sichtlich in irgendeiner Weise, an andere eher nicht. Stellt man in Google die Frage: »Gibt es Drachen?«, erhält man mehr als 4000 Hits. Bei den Vampiren sind es über 3000, bei den Nixen weniger als 200. Mit den Vampiren und Drachen gleichziehen können, was die lebendige Diskussion angeht, nur noch die Elfen.

Dabei geht es nicht mehr – oder doch nur sehr am Rande – darum, welchem Kulturraum das jeweilige Wesen ursprünglich angehörte, welche Eigenschaften und welcher Charakter ihm dort landläufig zugeschrieben wurden. Jedes Wesen wird, das ist einfach der Lauf der Dinge, falls man nur lange genug an es glaubt, assimiliert und modernisiert. Es entwickelt sich kontinuierlich weiter, und eines Tages wissen (wenn überhaupt!) nur noch einige wenige, was den Kern des jeweiligen Wesens ursprünglich ausmachte. So etwas geschieht dem Vampir nun seit vielen hundert Jahren, und in den letzten Jahrzehnten hat dieser Prozess eine ganz neue Dynamik erfahren.

Wer das nicht glauben mag, dem sei versichert, dass nicht wenige, vor allem in den USA, nicht die geringste Ahnung haben, dass die Dracula-Filme und damit die Vampire eine reale Vorgeschichte haben. Der Vampir wird im Allgemeinen auf Dracula und vor allem auf die Prototypen aus den Geschichten der Anne Rice reduziert. Würde man solchen Zeitgenossen erzählen, dass es *wirklich* ein Land namens Transsylvanien gab und Dracula tatsächlich gelebt hat (wenngleich er nur sehr wenig mit einem Vampir zu tun hatte), würde es die meisten wahrscheinlich gar nicht interessieren – oder bestenfalls verwundern.

Wie aber die erwähnten Internetdiskussionen zeigen, möchten erfreulicherweise wenigstens hierzulande viele gern mehr wissen und fragen nach – und nur dann, wenn man den alten, den »verstaubten« Vampir, den Volksvampir, kennt und zwischen ihm und der nächsten Stufe, dem literarischen Vampir, zu unterscheiden lernt, kann man die neuen Vampire in ihrem wahren Kontext sehen.

Grob gesagt gibt es also drei Entwicklungsstufen des Vampirs – wobei jede dieser Stufen mehrere »Unterarten« von Vampiren oder Facetten kennt: den volkstümlichen ursprünglichen Vampir, den durch Bram Stokers Roman mehr oder weniger angestoßenen literarisch-filmischen Vampir und den modernen, »volkstümlich werdenden« Vampir, der in vielen Zügen von den Vampiren der Anne Rice und den Dracula-Filmen beeinflusst ist.

Wir werden im Folgenden die modernen Filme, Serien und Romane, die den Vampir zum Inhalt haben, nur in ihrer Wirkung berücksichtigen, nicht aber im Einzelnen besprechen. Zum einen gibt es Bücher über Bücher, die alle diese Filme und Romane für Interessierte minutiös auflisten. Zum anderen aber ist es eine Platzfrage: In dem begrenzten Rahmen dieses Buches lässt sich nun einmal nicht alles unterbringen, was sich über den Vampir sagen ließe.

Einigen Raum nehmen allerdings die verschiedenen modernen Vampire ein – die sogenannten Psivamps und Vampyre.

Es geht uns dabei (wie schon in früheren Büchern über Drachen, Zwerge und Feen) nicht darum, psychologische Erklärungen für das Phänomen Vampir zu finden, wie es so vielen Forschern ein Anliegen ist. Wir sprechen daher auch nicht, wie andere, von einem »Mythos Vampir«, um allein dadurch eine rationale, distanzierte innere Haltung deutlich zu machen. Die Deutungen des Vampirs gleichen mehr oder weniger denen, die auch für Gottheiten herhalten müssen. Bricht die Pest oder eine andere Seuche aus, »erfinden« unaufgeklärte Menschen kurzerhand ein Wesen, das dafür verantwortlich zu machen ist, sei es nun bei uns der Vampir oder in Indien Sitala, die Pockengöttin. Der »Gedanke« dabei ist der, dass man der Seuche Einhalt gebietet, wenn man der einen Opfer darbringt oder den anderen enthauptet und verbrennt. Oder es sind Urängste, die Geister schaffen, die Angst vor dem Tod oder der Dunkelheit, Sehnsucht nach Unsterblichkeit oder alles zusammen. Und so weiter. Könnte es nicht vielleicht auch so sein, dass es manch einem, der so eifrig nach einer Erklärung sucht, ohne eine solche »rationale« Lösung insgeheim ein klein wenig unheimlich wäre? Was wäre nämlich, wenn es einen solchen Untoten wirklich gäbe?

Wie dem auch sei, wir sehen jedenfalls keine Notwendigkeit, uns diesen unterschiedlichen Erklärungen und Deutungsversuchen anzuschließen, um gut schlafen zu können oder um das beruhigende Gefühl zu haben, die Welt von ein paar Hirngespinsten befreit zu haben. »Man muss nicht alles mit dem Kopf verstehn«, sagt Mascha Kaléko in einem ihrer Gedichte sehr richtig – die Welt ist ohnehin viel zu durchrationalisiert. Solange er niemandem weh tut, solange er keinen Schaden anrichtet, nicht beißt, wen er nicht beißen soll, oder gar mordet, sondern vielmehr manch einem Lebenshilfe leistet, sollten wir den modernen Vampir ganz einfach als das, was er ist, willkommen heißen.

Mit einer lesbischen Liebe
fing alles an

In einer abgelegenen Burg mit malerischen Türmchen und Zugbrücke in der Steiermark lebt die sehr hübsche neunzehnjährige Laura zurückgezogen mit ihrem pensionierten Vater, einigen Bediensteten, einer Gouvernante und einer Hauslehrerin. Verständlich, dass sie sich ein wenig langweilt und nur zu froh ist, als ein befreundeter General zusammen mit seiner Nichte seinen Besuch ankündigt. Am Tag vor der geplanten Ankunft allerdings erhält Lauras Vater von seinem alten Freund einen Brief, in dem dieser berichtet, die Nichte sei unter seltsamen Umständen gestorben. Der General, erklärt der Vater dem Mädchen bei einem abendlichen Mondscheinspaziergang, werde selbst in einiger Zeit mündlich erzählen, was er dem Papier nicht anvertrauen wollte.

Da erscheint am Horizont eine Reisekutsche, deren Pferde plötzlich vor einem steinernen Wegkreuz scheuen, wobei zwei von ihnen stürzen und den Wagen umwerfen. Als die Spaziergänger zu Hilfe eilen, stehen neben der Kutsche eine ältere Dame und mehrere seltsame hagere Gestalten, von denen eine ein regungsloses Mädchen heraushebt, das einen schweren Schock von dem Unfall davongetragen zu haben scheint.

Die ältere Dame ringt die Hände und jammert: »War jemals ein Mensch so vom Unglück verfolgt wie ich?« Sie erklärt, es gehe bei ihrer Reise um Leben und Tod. Ihre Tochter könne in ihrem Zustand aber unmöglich weiterreisen.

Laura bittet daraufhin ihren Vater hastig: »Bitte frag sie doch, ob sie nicht bei uns bleiben darf!«

Kurz und gut, der Vater fragt, die Dame stimmt sofort zu und meint nur, sie werde das Mädchen in drei Monaten wieder abholen. »Meine Tochter aber wird zu keinem Zeitpunkt, mit keinem einzigen Wort, erwähnen, wer wir sind, woher wir kommen und wohin wir reisen!«

Als Laura einige Zeit später das geheimnisvolle Mädchen, Carmilla, in ihrem Zimmer aufsucht und nun bei Helligkeit sieht, prallt sie entsetzt zurück. Ihr kommt schockartig ein Erlebnis in Erinnerung, das sie mit etwa sechs Jahren hatte. Damals war sie eines Nachts plötzlich aufgewacht. Sie vermisste ihre Kinderfrau, erschrak und fing an zu weinen. Da sah sie eine junge Frau neben dem Bett stehen, die sich dann zu ihr legte, sie streichelte und tröstete, bis sie wieder einschlief. Kurz darauf aber schreckte sie hoch, weil sie das Gefühl hatte, zwei Nadeln hätten sie in den Hals gestochen. Sie schrie und schrie, bis die Kinderfrau und andere Bedienstete herbeieilten und sie trösteten. Es dauerte sehr lange, bis sie dieses Erlebnis verkraftet hatte.

Carmilla ist eindeutig die junge Frau, die sich damals zu ihr gelegt hatte. Daran besteht für sie kein Zweifel. Sie schweigt erschüttert, aber Carmilla ruft begeistert aus: »Wie wunderbar! Vor zwölf Jahren ist mir dein Gesicht im Traum erschienen und seitdem hat es mich ständig verfolgt.« Sie erzählt von ihrer Vision und betrachtet dabei Laura mit einer Leidenschaft, die diese gleichzeitig anzieht und abstößt. Und so bleibt es während der ganzen nächsten Zeit, die Carmilla als Gast im Haus verbringt. Sie ist groß, schlank, graziös, mit langen offenen braunen Haaren und dunklen Augen, und überschüttet Laura mit zärtlichen Umarmungen, als ob sie ihr Liebhaber sei.

»Ich empfand dann«, so Laura in der Erinnerung, »jedes Mal eine seltsame, stürmische Erregung, die zwar wohltuend war, in die sich aber sogleich ein vages Gefühl der Angst und des Ekels einschlich.«

Sie gerät bei solchen Umarmungen in einen tranceähnlichen Zustand, in dem ihr jede Widerstandskraft abhanden kommt, und in diesen Momenten, in denen die heißen Lippen ihrer Freundin die ihren küssen, liebt sie Carmilla über jedes Maß und empfindet gleichzeitig Abscheu vor ihr. Noch nach vielen Jahren erinnert sie sich an bestimmte »Vorfälle und Situationen, die ich überstehen musste, ohne ihre Bedeutung zu ahnen«. Viktorianisch dunkle Andeutungen …

Die Liebe Carmillas zu Laura ist besitzergreifend und ausschließlich. »Du gehörst mir«, sagt sie etwa, »du wirst mir immer gehören, und du und ich sind eins für ewig.«

Von solchen Gefühlsausbrüchen abgesehen, ist Carmilla eher matt und träge, steht meist nicht vor Mittag auf und wird bei Spaziergängen sehr schnell müde.

Eines Tages kommt ein wandernder Gaukler vorbei, der den beiden Mädchen Amulette gegen Vampire verkauft und dabei eine Bemerkung über die spitzen Zähne Carmillas macht, worüber diese sich außerordentlich aufregt. Am selben Abend erwähnt Lauras Vater besorgt, dass in der Umgegend schon wieder ein Mädchen an einer seltsamen Schwäche starb, wie dies in der letzten Zeit schon mehrere Male der Fall gewesen sei.

Bald darauf hat Laura wieder einen »Albtraum« – wie sie meint. Am Fußende ihres Bettes bewegt sich ein kohlrabenschwarzes Tier, das einer riesigen Katze gleicht, hin und her und springt schließlich auf das Bett. Plötzlich verspürt Laura, die wie gelähmt ist, einen stechenden Schmerz wie von zwei Nadeln an der Kehle und erwacht schreiend. Da sieht sie eine Frau mit langen Haaren am Fußende des Bettes stehen, die aber sofort durch die Tür verschwindet.

Carmilla berichtet am nächsten Morgen von einem ähnlichen Traum. Sie sei aber durch das Amulett, das sie berührte, geschützt gewesen.

In der Folgezeit wird Laura immer kränklicher und matter, hat Todesahnungen und Angst vor etwas Schrecklichem, während Carmillas brünstige Liebe zu ihr in gleichem Maße zunimmt. »Ihre Blicke«, sagt Laura später, »schockierten mich immer von Neuem – sie waren wie das momentane Aufflackern von Wahnsinn.«

Nachts überkommen Laura zunehmend schwüle Empfindungen und wohliges Erschauern, während sie das Gefühl hat, dass jemand ihre Wangen, ihren Hals streichelt, sie küsst und küsst und zuletzt bei der Kehle innehält.

Dann bemerken sie und die anderen Burgbewohner eines Nachts, dass Carmilla nicht in ihrem Zimmer ist, und erst am Morgen wird das Rätsel um ihr Verschwinden mit Schlafwandeln erklärt. Unterdessen nimmt Lauras Schwäche weiter zu, und der hinzugezogene Arzt erschrickt sehr, als er eine wunde Stelle an ihrer Kehle sieht.

Beim Betrachten eines frisch vom Restaurator eintreffenden Gemäldes, das Mircalla, Komtess Karnstein darstellt, eine Ahnherrin von Lauras Mutter, fällt allen auf, wie ähnlich diese Frau Carmilla sieht. Das Mädchen erklärt dazu allerdings ruhig, sie sei mit ihr verwandt.

Da die Komtess nur drei Meilen entfernt wohnte, wird eines Tages beschlossen, eine Fahrt zu den Ruinen ihrer Burg zu unternehmen und dort ein Picknick zu veranstalten. Unterwegs treffen sie unvermutet auf den General, dessen Nichte so unerwartet und unter mysteriösen Umständen gestorben war. Da er selbst die Kapelle der Burg unbedingt besichtigen möchte, schließt er sich ihnen an und beginnt auch bald, von den merkwürdigen Todesumständen seiner geliebten Tochter zu erzählen.

Wie sich zum Schrecken Lauras und ihres Vaters herausstellt, gleicht die Geschichte dem Erlebnis, das beide mit Carmilla hatten: Wieder gibt es die ältere Frau, die angeblich aus bestimmten Gründen ein Mädchen, diesmal namens Millarca, zurücklassen muss. Wieder besteht ein enges gefühlsmäßiges Band zwischen den beiden Mädchen. Auch hier schlafwandelt scheinbar der Gast und wird die Nichte nach und nach immer schwächer. Auch bei ihr stellt man seltsame Einstiche am Hals fest. Schließlich vertritt ein alter Grazer Arzt die These, dass hier nur ein Vampir am Werk gewesen sein könne, und weist den ungläubigen General an, des Nachts unbeobachtet im Zimmer der Nichte zu wachen.

So sieht er dann mit eigenen Augen ein schwarzes unförmiges Etwas aufs Bett des Mädchens kriechen, sich zu dessen Hals hinaufschieben und dann zu einem riesigen vibrierenden Klumpen anschwellen. Da hebt der General das mitgebrachte Schwert und plötzlich steht, mit vor Wut und Grausamkeit starren Augen, Millarca vor ihm. Er schlägt zu, sie aber bleibt unverletzt und löst sich in Luft auf.

Der General brennt nun darauf, in der Gruft derer von Karnstein diesen weiblichen Vampir aufzuspüren und durch Köpfen ein für allemal unschädlich zu machen – er ist sich ganz sicher, dass dieser Vampir die vor hundert Jahren gestorbene Komtess Karnstein ist.

Nach einigen Schwierigkeiten finden sie heraus, wo sich die Grabstätte von Mircalla befindet, wobei sie plötzlich Carmilla vermissen. Noch immer hofft Laura, ihre Freundin habe mit der Geschichte des Generals nichts zu tun, doch als sie das geheimnisvolle Mädchen endlich ausfindig machen, verzerrt sich ihr Gesicht auf grauenvolle Weise und sie verschwindet spurlos. Sobald der General den Namen hört und Näheres erfährt, macht er Laura und ihrem Vater klar, dass es sich bei Carmilla um niemand anderen als die Komtess Karnstein handeln kann.

Am nächsten Tag wird das Grab der Komtess geöffnet, und darin liegt, schön und wie lebendig, das Mädchen, das Laura und ihr Vater als Carmilla kannten. Sie hat die Augen geöffnet, sie sieht aus und riecht, als ob sie lebendig sei. Man hebt sie aus dem

Sarg, treibt ihr einen spitzen Pfahl durch das Herz und im selben Augenblick schreit die Leiche laut auf. Dann wird ihr der Kopf abgeschlagen und das Blut quillt in Strömen heraus. Der Kopf wird auf dem Scheiterhaufen verbrannt, die Asche streut man in einen Fluss.

»Seitdem ist dieser Landstrich«, so sagt Laura, »nie wieder von einem Vampir heimgesucht worden«.

In der Folge fährt der Vater mit Laura nach Italien, um sie auf andere Gedanken zu bringen. »Aber bis zum heutigen Tage«, erzählt sie abschließend, »habe ich Carmilla und ihre zwei Gesichter immer wieder vor mir gesehen: das verspielte, träge, schöne junge Mädchen und den sich windenden Unhold. Und oft, wenn ich in Gedanken versunken war, bin ich hochgeschreckt, und es war mir, als hörte ich an der Wohnzimmertür Carmillas leichten Schritt.«

* * *

Dies ist, in Kurzfassung, der Inhalt einer Novelle des irischen Dichters Joseph Sheridan Le Fanu, die im Jahr 1872 erschien. Sie ist bei uns, außer in den Kreisen der Vampirbegeisterten, wenig bekannt – sehr zu Unrecht, wie wir finden. Bis auf den etwas zusammengeschusterten und aus angelesenen Versatzstücken bestehenden Schluss, die Tötung des Vampirs, ist sie und vor allem die kranke, schwüle und sinnliche Liebe der Vampirin sowie die entsprechenden Empfindungen des Objekts ihrer Begierde auf zu Herzen gehende Weise nachempfindbar. Zwar erscheint Laura, was Carmilla betrifft, ein wenig arglos, aber genau das geht dem Leser ja so an die Nieren – wie dem Zuschauer Filmszenen, in denen die vom irren Verbrecher bedrohte Heldin wider besseres Wissen und entgegen aller guten Ratschläge Türen und Fenster sperrangelweit offen stehen lässt.

So ungewöhnlich die lesbische Vampirin seinerzeit den Lesern auch erschienen sein mag, hat Le Fanu sie doch nicht direkt erfunden; vielmehr schöpfte er dabei aus einem bereits 1816 erschienenen Gedicht des großen englischen Romantikers Samuel

Taylor Coleridge: »Christabel«. Auch hier ist es eine Vampirin, Geraldine, die sich ein Edelfräulein, Christabel, als Opfer ausersehen hat. Auch hier ist die Vampirin schön und stolz; in ihre Haare sind Edelsteine geflochten und ihre Stimme ist zart und süß. Und die Umstände, unter denen sie sich bei dem Mädchen einschleicht, erinnern ebenfalls an *Carmilla*. Christabels Hündin erkennt das ungute Wesen und jault verzweifelt, obwohl doch *Niemals von ihr vernahm Gebell | Bis dahin Fräulein Christabel.*

Selbst das Feuer, das schon niedergebrannt war, flackert hoch auf, als das Vampirmädchen vorübergeht: Die elementare Natur erkennt sich selbst. Nachts legt sich Geraldine dann neben Christabel – ganz wie bei Le Fanu. Auch wenn das weitere Gedicht in anderen Bahnen verläuft und nirgendwo ausdrücklich gesagt wird, um welche Art von Wesen es sich bei Geraldine handelt, sind die Parallelen zu *Carmilla* eng genug, um die Herkunft des Grundmotivs der späteren Novelle erkennen zu lassen.

Streng genommen ist jedoch der Titel dieses Kapitels nicht korrekt. Die eigentliche Keimzelle des literarischen Untoten schlechthin, Draculas, und all seiner Nachfahren – bis hin zu den heutigen Vampiren und Vampyren – ist eine Geschichte, die der Arzt

John William Polidori schrieb. Er behauptete allerdings, Lord Byron sei der Verfasser, weil sie auf einem Entwurf von ihm beruhte: *The Vamypre*. Sie entstand im Sommer des Jahres 1816 – gleichzeitig und sogar am selben Ort wie Mary Shelleys berühmter *Frankenstein*. Es heißt, Polidori habe den Typus des modernen, romantischen, »gothischen« Vampirs erschaffen: bleich, mit durchbohrendem Blick, cool bis ins Mark, gelangweilt, melancholisch – und so wird er auch immer und immer wieder in Vampirbüchern geschildert. Allerdings muss man ehrlicherweise sagen, dass die Geschichte des umherreisenden und dabei Frauen betörenden Vampirs Lord Ruthven verglichen mit *Carmilla* blass und flach wirkt. Der Vampir ist – man möge uns den Kalauer verzeihen – ohne jeden Biss und im Grunde herzlich wenig vampirisch, sondern mit seinem ausschweifenden Charakter, seiner Lasterhaftigkeit und seiner Verschwendungssucht eher als teuflisch einzustufen.

Nicht von Coleridge oder Polidori, sondern von der Geschichte seines Landsmanns Le Fanu ließ sich denn ein anderer recht gründlich recherchierender Ire beeinflussen: Er verwendete Versatzstücke daraus für seinen eigenen Roman, der, anders als die Novelle oder gar Coleridges Gedicht, den Glauben an Vampire revolutionierte, prägte, formte und über die ganze Welt verbreitete. Und er hatte damit einen sensationellen Erfolg. Nur leider erlebte er ihn nicht mehr.

Draculas Vater

Fragt man heutzutage Jugendliche und auch nicht mehr ganz so Jugendliche – und zwar ausdrücklich solche, die mit dem Thema Vampir vertraut sind –, wer Bram Stoker war, erntet man oft ein verlegenes Achselzucken. Ansonsten hört man etwa: »Das ist doch der mit den Dracula-Filmen!«

Diese Antwort lässt sich verschieden auslegen: Bram Stoker könnte also der Regisseur sein oder der Schauspieler, der den Dracula spielt. Dass es der Autor ist, ohne dessen Roman es keinen einzigen Dracula-Film gäbe, wissen tatsächlich eher wenige Zeitgenossen. Und *gelesen* hat den Roman heutzutage wohl kaum ein Jüngerer. Was, ehrlich gesagt, schade ist. Denn so verstaubt, prüde und bieder, wie er von manchen beschrieben wird, ist er keineswegs. Schön, man darf nicht die reißerischen Maßstäbe eines Stephen King oder auch der Anne Rice anlegen – aber muss man das denn?

Bram Stokers Roman lebt zum großen Teil davon, dass jeder wichtige Handlungsträger seine Erlebnisse und Empfindungen in Form von Tagebucheinträgen oder von Briefen schildert. Das klingt auf den ersten Blick zum Gähnen langweilig – ist es aber durchaus nicht. Nur sind wir vor allem dank der B-Filmindustrie gewöhnt, »Horror« in Litern Blut,

die verspritzt, zähnefletschenden Monstern, die schreiende Opfer zerfleischen, und Metern Eingeweide, die aus aufgerissenen Bäuchen quellen, zu bemessen. Dieser Inflation des Ekligen folgen die meisten modernen Autoren dieses Genres – während sich bei Bram Stoker und vielen seinesgleichen das Grauen vor allem im Kopf des Lesers ereignet, als Unausgesprochenes, lediglich Angedeutetes, das erst durch die Fantasie zum Leben erweckt und konkretisiert werden muss. Aber ist es nicht auch – neben dem rationalen Geist – letztlich *sie*, die uns Menschen vor den Tieren auszeichnet? Und ist es nicht ebenfalls die Fantasie, die aller visuellen Reizüberflutung zum Trotz Abertausende von Menschen dazu bringt, sich für Rollenspiele zu begeistern?

Wenn zu Anfang des Romans der Held Jonathan Harker zu Graf Dracula in die Karpaten fährt und alle, die davon erfahren, sich auf der Stelle bekreuzigen und zwei gespreizte Finger ausstrecken, um den bösen Blick von sich abzuwenden, dann ist das echt und absolut glaubwürdig. Genau das taten und tun mancherorts die Menschen nämlich immer noch angesichts von unheimlichen Wesen wie Vampiren. Sie *glauben* an sie und fürchten sich vor ihnen – und das lässt die ganze Sache viel realer werden und wirken als die bluttriefendsten Filmszenen.

Bram Stoker wusste schon deshalb, wovon er sprach, weil er im Jahr 1890 mit einem Mann zusammentraf, der sich in der Materie auskannte: dem Orientalisten Hermann (Arminius) Vambery (den manche obendrein für einen Spion halten). Stoker muss nicht nur sehr beeindruckt von diesem Mann gewesen sein, er muss ihm auch gut zugehört haben. Wer die anfängliche Reise zu Graf Dracula liest, käme nie auf den Gedanken, dass der Autor nicht wirklich vor Ort gewesen ist – so detailreich ist die Schilderung und so überzeugend wirkt sie. Daneben las er aber auch sehr viel über den Volksglauben der Region und über das, was man dort über Vampire dachte – weshalb seine Schilderungen von deren Eigenheiten keineswegs um des Effektes willen frei erfunden sind.

Auch wenn die Handlung des Romans hinreichend bekannt sein dürfte, soll sie an dieser Stelle kurz noch einmal referiert

werden, weil die Dracula-
Filme, auch wenn sie von
sich behaupten, auf dem
Roman zu basieren, mehr
oder weniger stark von
dem Text abweichen.

Im Übrigen scheinen
selbst Experten, die über
Vampire schrieben und
Bram Stokers Buch nach-
erzählten, dieses nicht immer allzu genau gelesen zu
haben – wie sogar ein Fehler in Kindlers renom-
miertem Literaturlexikon
zeigt. Es geht dabei um das

doch sehr wichtige Detail, ob Vampire nur nachts aktiv sein können. Der Autor des Artikels erklärt, Graf Dracula dürfe seinen
Sarg nur zwischen Sonnenuntergang und Sonnenaufgang verlassen. Tatsächlich beschreibt aber Bram Stoker, wie Dracula am
helllichten Tag in London herumläuft. Ein Detail, das, nebenbei
bemerkt, auch Francis Ford Coppola in seiner Verfilmung aufgegriffen hat.

Jonathan Harker, Angestellter in einem Rechtsanwaltsbüro, fährt
nach Transsylvanien, um Graf Dracula wegen des Ankaufs eines
Grundstücks in London aufzusuchen. Bald sieht er sich (zu
Recht) als Gefangener im Schloss des Grafen und bemerkt schon
kurz nach seiner Ankunft allerlei Seltsamkeiten, die ihm so unheimlich erscheinen, dass er um sein Leben fürchtet. Der Graf ist
mit den Wölfen im Bunde, übernachtet in einem Sarg, krabbelt in
Fledermausgestalt die Mauern herab und dergleichen mehr.
Schließlich gelingt es Harker zu entkommen, und er kehrt stark
angeschlagen zu seiner Verlobten Mina zurück. Dracula aber ist
schon vor ihm in England eingetroffen und macht sich an Lucy
heran, eine enge Freundin Minas, die daraufhin anfängt nachtzu-

wandeln und sich, je öfter sie von Dracula besucht wird, auf immer seltsamere Weise verändert.

Lucy hat gleich drei Verehrer: den Irrenarzt Dr. Seward, den Amerikaner Quincey Morris und ihren Verlobten Arthur Holmwood. Als das Mädchen immer schwächer und blasser wird, ruft der Arzt seinen alten Freund, den Niederländer Professor van Helsing, nach England, damit er sich Lucy ansieht. Der Wissenschaftler ist eine Koryphäe, nicht nur auf medizinischem Gebiet, er kennt sich auch mit übernatürlichen Phänomenen gut aus und weiß daher sofort, was es mit Lucy auf sich hat – klärt aber zunächst niemanden auf. Die Verehrer Lucys werden nach und nach zu Bluttransfusionen herangezogen, da alle Vorsichtsmaßnahmen van Helsings – wie vor allem Kränze aus Knoblauchblüten oder das Einreiben der Tür- und Fensterrahmen mit Knoblauch – durch diesen oder jenen Umstand vereitelt werden.

Lucy Westenraa stirbt schließlich und wird selbst zu einem Vampir – beziehungsweise einer *Vampirin*, die kleine Kinder als »Dame in Schwarz« oder als die »blutige Dame« anfällt.

Um Lucy das Handwerk zu legen, lauert ihr van Helsing zusammen mit den ehemaligen Verehrern und dem Verlobten an ihrem Grab auf. Sie ertappen sie mit einem noch lebenden Kind auf frischer Tat, treiben ihr einen Pfahl ins Herz und schneiden ihr den Kopf ab. Nun sind die zuvor sehr skeptischen Helfer van Helsings endlich überzeugt. Gemeinsam beschließen sie, auch Dracula ein für allemal an seinem Treiben zu hindern, indem sie seine nächtlichen Ruhelager aufsuchen und sie mit geweihten Hostien für ihn unbenutzbar machen. Schließlich bleibt dem Vampir nichts anderes übrig, als nach Transsylvanien zurückzukehren, und zwar per Schiff.

Die Männer folgen ihm über Land, wobei Mina, Draculas neues Opfer, ihnen hilft. Sie fungiert bald als eine Art Medium, denn sie spürt oder weiß, wo Dracula sich aufhält. Er »ist« in gewisser Weise in ihr, und durch van Helsing in Trance versetzt, erzählt sie von ihm.

Auf diese Weise sind sie Dracula stets um einen Schritt voraus. Sie lauern ihm schließlich auf, es kommt zu einem Scharmützel mit ihm und seinen Verbündeten, in dessen Verlauf der Amerikaner Morris stirbt. Graf Dracula aber wird ein für allemal unschädlich gemacht, indem ihm zum einen die Kehle durchschnitten und zum anderen ein Jagdmesser ins Herz gestoßen wird.

»Da geschah ein Wunder: Vor unser aller Augen, und ehe wir es noch recht fassen konnten, zerfiel der ganze Körper in Staub und entschwand unseren Blicken.«

Und in diesem Moment, so lesen wir, huschte »ein Schimmer von Glück« über das Gesicht von Graf Dracula.

Dracula erschien im Jahr 1897, also 25 Jahre nach *Carmilla*, im Grunde keine so große Zeitspanne. Doch wirkt der Roman in gewisser Weise viel älter als die Novelle. Er ist weit vorsichtiger gehalten, will keinen Anstoß bei wem auch immer erregen. Dennoch klammert Stoker die sexuelle Komponente, die erregende, schwüle, nicht beherrschbare Natur des Vampirs keineswegs völlig aus. Sie ist zwar insgesamt gesehen sehr viel unterschwelliger als in *Carmilla*, aber an manchen Stellen doch deutlich zu spüren. Konkret sind es zwei Situationen, die von den Helden, das eine Mal von Jonathan Harker, das andere Mal ausgerechnet vom alternden Professor van Helsing, einige Standfestigkeit verlangen.

Im Schloss von Dracula begegnet Harker bei seiner Untersuchung des Gebäudes drei Frauen. Alle drei haben, wie er in seinem Tagebuch schreibt, etwas an sich, das ihm gleichzeitig Unbehagen und Lust einflößt: »Ich verlangte nach ihnen und fühlte dennoch Todesangst. Ich empfand in meinem Herzen ein wildes, brennendes Begehren, dass sie mich mit ihren roten Lippen küssen möchten.« Als ihm eine von ihnen Avancen macht, liegt er in »wonniger Erwartung« da und schließt »die Augen in schlaffer Verzückung«.

Es ist nicht sein Verdienst, dass er aus dieser Versuchung reinen Körpers hervorgeht, da im kritischen Moment Graf Dracula der Szene ein Ende macht.

Die andere Situation, am Ende des Buches, ist recht ähnlich – und wieder geht es um diese drei Frauen. Van Helsing sucht sie in

ihren Gräbern auf, um sie auf immer unschädlich zu machen. Er
öffnet eines der Gräber und schreibt anschließend:

»Es war ohne Zweifel ein Zauber, dass ich durch die Gegenwart
einer dieser Frauen in Erregung geriet, die in ihrem vom Alter
zerfressenen und dicht mit jahrhundertealtem Staub bedeckten
Sarg schlief … Ja, ich war erregt – ich, van Helsing, mit allen meinen Vorsätzen und all dem grimmen Hass; es erfüllte mich ein
Verlangen, das meine Kräfte zu lähmen und auf meiner Seele zu
lasten schien.«

Auch die Hauptheldin Mina, auf die es Dracula eigentlich abgesehen hat, kann sich nur schwer gegen die Anziehungskraft des

Vampirs wehren – wenngleich es nur sehr vorsichtig heißt, dass sie »ihre Widerstandskraft schwinden fühlte«, als Dracula seine »heißen Lippen« auf ihre Kehle presste. Anschließend besiegelt er seinerseits den ewigen Bund (»Du bist nun mein Eigen, Fleisch von meinem Fleische, Blut von meinem Blute …«), indem er sie zwingt, auch *sein* Blut zu trinken. Allerdings enthält diese wichtige Passage nichts von dem, was ihr in der Verfilmung von Francis Ford Coppola unterstellt wird und in manchen Besprechungen des Romans anklingt: Sie verfällt ihm nicht so sehr, dass sie freiwillig sein Blut trinkt, sondern er zwingt sie dazu, indem er ihren Kopf auf die Wunde presst und sie so vor die Wahl stellt, entweder zu ersticken oder zu schlucken.

Bei ihrer Freundin Lucy verhält sich die Sache ähnlich dezent – wiederum völlig entgegengesetzt zu der eben genannten Verfilmung, wo Lucy von Anfang an ein verruchter, männermordender *Vamp* ist.

Bei Stoker legt sie erst, nachdem sie zu einer Vampirin geworden ist, solche Verhaltensweisen an den Tag, und zwar als sie auf frischer Tat ertappt wird. Sie sagt dann mit »leisem, wollüstigen Locken in der Stimme« zu ihrem Verlobten:

»Komm her zu mir, Arthur. Lass diese anderen und komm zu mir. Mein Busen lechzt nach dir. Komm, wir ruhen zusammen. Komm, mein Gatte, komm!«

Wie sie das »zusammen ruhen« in heutiger Sprache ausgedrückt hätte, dürfte wohl jedem klar sein, und nicht ohne Grund rinnt es den zuhörenden Männern – nicht nur Arthur, wie Stoker ausdrücklich betont – »heiß durch die Glieder« …

Solche Äußerungen und Szenen wirken in dem ansonsten sehr »braven« Buch recht gewagt und damit gleichzeitig beeindruckender als in manchen Dracula-Verfilmungen, wo sie durch ihr inflationäres Auftreten eher entwertet werden. Es geht, wie wir meinen, im Roman auch nicht um literarische Raffinesse, die dem Autor, wie ein Kommentator schreibt, tatsächlich eher selten gelingt. Bram Stokers Buch ist nicht raffiniert – es erzählt einfach und schlicht eine Geschichte. Gerade in der Schlichtheit aber liegt seine Wirkung, und genau deshalb erscheint es auch »echt«, authentisch.

Der zuweilen in der Sekundärliteratur in mancherlei Hinsicht verunglimpfte Vampirexperte van Helsing soll nicht nur dem Aussehen nach Stoker selbst nachempfunden sein. Das mag stimmen. Doch, wenngleich er sein Wissen über die Vampire bis fast zuletzt für sich behält, lässt sich nicht recht nachvollziehen, wieso er deshalb das »eigentliche Ungeheuer« des Romans sein soll. Da gibt es weiterhin Interpretationen, die darauf abzielen, im Vampir keinen Vampir, sondern das Böse schlechthin zu sehen bzw. in Dracula denjenigen, der eine »angewandte Kosmopolitik der Menschensaugerei« betreiben will, und was es der geistreichen Einfälle noch mehr gibt. Warum kann man mit T. S. Eliot nicht einfach feststellen: *Words mean what they say* – Worte meinen das, was sie sagen. Muss man den armen *Dracula* denn wirklich zergliedern und zerpflücken und durchkauen, bis nichts mehr von ihm übrig bleibt als ein schaler Geschmack im Mund?

Wer war Dracula wirklich?

Man könnte sagen, der genialste Einfall Bram Stokers bestand darin, eine historische Gestalt zum bösen Haupthelden seines Romans zu machen. Dieser Schachzug verlieh und verleiht noch heute seiner Geschichte die Glaubhaftigkeit, die ihr sonst vermutlich versagt geblieben wäre. Die Bücher von Stephen King mögen wahnsinnig spannend sein – aber an die reale Existenz der Monster, die er darin agieren lässt, dürften wohl nur Kinder glauben. Ein »Vampir« dagegen, der – tatsächlich, nachweislich – zu einer bestimmten Zeit gelebt hat, ist eine ganz andere Sache.

Das Problem ist lediglich, dass der Mann, den wir als Dracula kennen, überhaupt kein Vampir *war* und auch nie von seinen Landsleuten als solcher angesehen wurde! So erklärt ein namhafter Forscher: »In keiner überlieferten Quelle gibt es einen einzigen Hinweis darauf, dass die Zeitgenossen Dracula für einen Vampir gehalten hätten.«

Angesichts dessen ist auf den ersten Blick erstaunlich, dass diese Tatsache die Allgemeinheit herzlich wenig kümmert: Der historische Dracula war, ist und bleibt *der* berühmteste Vampir, ja, der Vampir an sich!

Dass dies so ist, lässt sich zum einen natürlich damit erklären, dass die meisten Vampirgläubigen die Sache nicht weiter hinterfragen. Wer es aber doch tut, stößt beim »echten« Dracula auf so viele entsetzliche, schier Übelkeit

erregende Gräueltaten, dass schlichtes Blutsaugen dagegen geradezu wie ein harmloses Kavaliersdelikt erscheinen könnte. Also kann er getrost auch als Vampir gelten ...

Was der Name Dracula bzw. *Draculea* genau bedeutet, ist bis heute nicht eindeutig geklärt. So viel scheint immerhin sicher zu sein, dass er mit »Teufel« oder »Drache« zusammenhängt, zumal Draculas Vater Mitglied des Drachenordens gewesen war. *Draco* bedeutet auf Latein nämlich »Drache« (oder nach christlicher Deutung »Teufel«) und *dracul* ist die entsprechende rumänische Form: »der Drache«. Nicht recht klar ist allerdings die Endung -*a* bzw. -*ea*, denn sie bezeichnet, wenigstens im heutigen Rumänischen, keine Verkleinerungsform und bedeutet auch nicht etwa, wie öfter behauptet, »Sohn des«.

Nicht zu rütteln ist aber an der Tatsache, dass »unser« Dracula oder *Draculea* so hieß, weil er der Sohn von Vlad Dracul war – wobei letzteres Wort als Beiname aufzufassen ist, denn der Taufname von Vater wie Sohn war schlicht *Vlad*.

Vlad Dracul lebte in der ersten Hälfte des 15. Jahrhunderts und war Woiwode, das heißt gewählter Fürst, der Walachei sowie Protektor der transsylvanisch-walachischen Grenze. Im Jahr 1431 wurde sein Sohn Draculea geboren, und zwar möglicherweise in Schäßburg, einer mittelalterlichen deutschen Festungsstadt in Transsylvanien.

Wenn jemand die Lebensgeschichte dieses Sohnes erfunden und einem Verlag zum Druck angeboten hätte, wäre sie vermutlich mit dem Vermerk zurückgewiesen worden: absolut übertrieben und mit sadistischer Grausamkeit und Brutalität überfrachtet – sichtlich das Produkt einer perversen Fantasie. Es ist eine Geschichte, in der jeder gegen jeden intrigiert, keiner keinem vertrauen kann, Verrat, Mord, Folter, gebrochene Bündnisse zwischen Freunden und neue Bündnisse mit früheren Erzfeinden an der Tagesordnung sind; wo blinde Wut, purer Hass und nackte Angst das Bild und das Leben beherrschen. Zugegebenermaßen sind manche Details nicht gesichert und andere zumindest stark übertrieben – aber selbst das, was unbestreitbar historisch belegt ist, liest sich so, dass man nur das Kreuz schlagen und Gott dafür danken kann, nicht im Transsylvanien des 15. Jahrhunderts leben zu müssen.

Immer wieder werden von Biografen des Dracula die Umstände seiner Kindheit als Entschuldigung dafür geltend gemacht, dass er sich zu einem derart grausamen Menschen entwickelte. Sein Vater hatte zwar ein Bündnis mit den Türken geschlossen, nach und nach begannen diese aber an seiner Loyalität zu zweifeln. Sie stellten ihm eine Falle, er wurde gefangen genommen und konnte sein Leben nur dadurch retten, dass er seinen Treueschwur gegenüber dem Sultan erneuerte und obendrein zwei seiner Kinder, Dracula und dessen Bruder Radu, als Geiseln bei ihm zurückließ. Dort, in Edirne, der Hauptstadt des Osmanischen Reiches, blieben sie bis zum Jahr 1448.

Der Vater und sein Sohn Mircea wurden 1447 ermordet, und zwar Letzterer geblendet und lebendig begraben – was Dracula neben seiner Gefangenschaft sehr geprägt haben soll. Mit dem Auftraggeber der Morde an seiner Familie, dem ungarischen Reichsverweser und Feldherrn János (Johann) Hunyadi, tat sich Dracula, nachdem er wider Erwarten von den Türken freigelassen worden war, allerdings zusammen und kämpfte, erst an seiner Seite und später an der seines Sohnes Matthias I. Corvinus, in mehreren Feldzügen gegen die Türken. Hunyadi war Woiwode, also gewählter Fürst, von Siebenbürgen – oder Transsylvanien, wie es damals hieß –, und er ernannte Dracula zum »Schutzwächter« dieses Gebietes. Darüber hinaus war auch Dracula mehrfach Fürst der Walachei.

Die Türken waren nicht die Einzigen, die Dracula, nachdem er in die Fußstapfen seines Vaters getreten war, je nach Bedarf bekämpfte oder unterstützte. Er wütete auch gegen Siebenbürgen, während er selbst in der Walachei, mit der er sich eher verbunden fühlte, residierte. Wenn wir sagen »wütete«, dann ist das durchaus wörtlich zu verstehen. Er steckte Dörfer in Brand, ließ zerstören und plündern, was ihm in den Weg kam, und markierte die Wege der Verwüstung mit dem, was zu seinem Markenzeichen wurde, nämlich mit Reihen über Reihen von gepfählten Menschen: Männern, Frauen, Kindern.

In den zeitgenössischen Überlieferungen, die hauptsächlich auf Flugblättern und Pamphleten, angereichert mit Holzschnitten, verbreitet wurden, ist immer wieder von einem Festgelage die Rede, das Dracula, der inzwischen den Beinamen Tepeş (»der Pfähler«) trug, inmitten eines Meers von Hingerichteten veranstaltet haben soll. Als ein Diener sich die Nase zuhielt, weil er den Gestank der verwesenden Leichen nicht mehr ertrug, soll Dracula einen besonders langen Pfahl angefordert haben. Er ließ den Mann daraufstecken und sagte: »Da oben wird dich der Geruch nicht mehr stören.«

Warum er so unerbittlich gegen Siebenbürgen vorging, wird unter anderem damit erklärt, dass hier von allen Seiten Intrigen gegen ihn liefen. Eine wesentliche Rolle spielten dabei die deutschen Kaufleute, deren Siedlungen in den fruchtbarsten Regionen dieses Landes lagen. Mit Ackerbau sowie durch Handel und Bergbau reich und mächtig geworden, ging es ihnen unter anderem um Handelsmonopole in den rumänischen Fürstentümern. Sie waren schließlich auch daran beteiligt, dass Dracula nach 1462 für etliche Jahre als »Feind der Menschheit« Gefangener der Ungarn wurde.

In der turbulenten Folgezeit nach den schlimmen Übergriffen gegen seine deutschen Untertanen und deren angebliche oder wirkliche Verbündete breitete sich Draculas Ruhm als grausamer, hart durchgreifender, aber mutiger Fürst weit über sein Herrschaftsgebiet aus. Nachdem die Türken 1453 Konstantinopel eingenommen hatten, war er dementsprechend in der vordersten

Front, als Papst Pius II. sechs Jahre später den Kreuzzug gegen »die Ungläubigen« ausrief.

Bei den folgenden kriegerischen Auseinandersetzungen drangen die Türken in die Walachei vor und zwangen Dracula zum Rückzug. Da aber zeigte er erneut, dass so leicht keiner mit ihm fertig wurde. Er handelte nach dem Prinzip der verbrannten Erde und hinterließ nichts als die reine Verwüstung. Er vergiftete die Brunnen, ließ das Vieh forttreiben oder töten und Frauen und Kinder in die umgebende Wildnis in Sicherheit bringen. Er ließ Fallgruben ausheben und Dämme aufschütten, und er säumte die Wege seines Rückzugs mit Reihen über Reihen von gepfählten Feinden (oder solchen, die er für Feinde hielt). Er legte Hinterhalte und setzte Schwerverbrecher ein, um versprengte feindliche Soldaten abschlachten zu lassen. Damit nicht genug, wandte er eine ebenso neue wie raffinierte Taktik an, eine Frühform der biologischen Kriegführung, indem er Aussätzige und andere Menschen mit ansteckenden tödlichen Krankheiten wie Tuberkulose oder Beulenpest in die feindlichen Lager schickte, damit sie möglichst viele Türken infizierten. Starben sie bei dieser Aktion – tja, Kismet; starben sie nicht, so wurden sie anschließend großzügig belohnt.

Alle diese Maßnahmen hatten den gewünschten Erfolg: Der osmanische Sultan Mehmed II. und seine Truppen waren schließlich durch all die Schrecken, Krankheiten, Hunger und Durst und die vielen verwesenden aufgespießten Leichen derart demoralisiert, dass sie den Rückzug antraten.

In der Folge versuchten die Türken nur noch unter Mithilfe von Draculas ihnen treu ergebenem Bruder Radu, die Walachei zu einem ihrer Vasallenstaaten zu machen. Im Verlauf dieser erneuten Auseinandersetzungen musste Dracula fliehen, hoffte, bei den Ungarn Schutz zu finden und wurde stattdessen von ihnen gefangen genommen. Viele Jahre blieb er ihr Gefangener, doch ging es ihm in dieser Zeit offensichtlich recht gut, denn beispielsweise heiratete er eine Ungarin, Mitglied der königlichen Familie, und trat zum Katholizismus über. Aus diesen Gründen erhielt er schließlich seine frühere Position zurück und konnte 1474 noch einmal, an der Spitze eines ungarischen Heeres, einen Kreuzzug gegen die Türken anführen. Nur zwei Jahre später, 1476 oder Anfang 1477, kam er dann ums Leben. Allerdings scheint er nicht im Kampf getötet, sondern einem Komplott aus den eigenen Reihen zum Opfer gefallen zu sein – was angesichts all seiner Untaten nur zu verständlich erscheint.

Ein Zeitzeuge, Leonardo Botta, Gesandter des Herzogs von Mailand, berichtete im Februar des Jahres 1477, Vlad Tepeş sei in Stücke gehackt und sein Kopf an Mehmed II. gesandt worden. Diese grausige Trophäe wurde dann zum Beweis, dass Dracula wirklich tot war, in Konstantinopel öffentlich zur Schau gestellt.

Wer nun aber glaubt, das Volk habe aufgeatmet, als ein so blut-dürstiger Tyrann endlich von der Bildfläche verschwunden war, der irrt. Schon zu seinen Lebzeiten gab es sicher genügend Men-schen, die sich, gerade weil er so hart durchgriff, sicherer fühlten als zuvor. Es wird erzählt, dass auf Vlads Anordnung auf dem Marktplatz der walachischen Stadt Târgovişte ein goldener Be-cher an einen Brunnen gestellt wurde, wo sich viele Reisende zu erfrischen pflegten. Solange Dracula an der Macht war, kam die-ser Becher nie abhanden.

Der Fürst erstattete Bestohlenen ihr Geld wieder, und durch seine extrem grausamen Strafen sorgte er dafür, dass weniger Ehebruch begangen wurde. Verschiedene Anekdoten berichten auch davon, wie er die Ehrlichkeit von Kaufleuten auf die Probe stellte: So ließ er ihnen erst Geld stehlen, wobei er sich den frag-lichen Betrag genau merkte; dann fragte er sie, wie viel ihnen ge-stohlen worden sei, damit er sie entschädigen könne. Diejenigen, die logen, ließ er pfählen, den anderen gab er ihr Geld zurück. Seine intensiven Bemühungen, Recht und Ordnung herzustellen, sind vermutlich der Grund dafür, dass er von vielen Rumänen, allen voran dem früheren Diktator Ceauşescu, zum Nationalhel-den stilisiert wurde und noch wird.

Wo aber bleibt nun der Vampir bei der ganzen Sache? Einerseits erschiene es nur zu verständlich, wenn ein solcher Unmensch – wenigstens nach seinem Tod – als das blutsaugende ruhelose Monster der Volkssage angesehen worden wäre. Das Problem ist nur, dass man ihm zwar in der Tat alles Mögliche nachsagte, aber eben genau das nicht.

Zwei Forscher, die auf den Spuren Draculas auch die Ruine seiner Burg besichtigten, erzählen, die Bauern der Region hätten eine Scheu davor, diesen Ort aufzusuchen. Sie glaubten, der Geist Draculas gehe dort um. Da den Fledermäusen, die dort zuhauf hausen, nach rumänischem Glauben etwas Unheimliches anhaftet, da sie angeblich Menschen beißen, die daraufhin tollwütig werden, lässt sich über diese Gedankenbrücke vielleicht eine Verbindung herstellen. Man erinnere sich, dass Dracula sich im Roman in eine Fledermaus verwandeln kann, und es ist eigentlich anzunehmen, dass Bram Stoker dieses Detail nicht völlig frei erfunden hat, sondern auf den Volksglauben zurückgriff.

Ein anderer Autor, der sich ausführlich mit dem Leben des historischen Dracula befasste, Ralf Peter Märtin, findet den Weg zum Vampir vor allem über den Drachen, von dem der Name Dracula ja herrührt. Der Drache ist zum einen nach alter christlicher Vorstellung die Inkarnation des Bösen; außerdem besitzt er (meistens zumindest) Flügel, was ihn in die Nähe der Fledermäuse rückt. Fledermäuse aber seien, so sagt er, eng mit dem Teufel verknüpft … und voilà. Außerdem war Dracula eines gewaltsamen Todes gestorben und zudem um die Jahreswende, was ja ohnehin eine ominöse Zeit sei.

Schließlich aber, und darauf wird von recht vielen Forschern hingewiesen, ist es wohl auch die Blutdurst-Metapher, die den Vampir mit dem historischen Dracula verknüpft: Vlad *war* blutdürstig, blutrünstig – und das ist der Vampir auch oder wurde es zumindest infolge dieser gedanklichen Übertragung.

Wie erwähnt, wurde der historische Dracula enthauptet und sein Kopf abtransportiert. Wo immer sich sein Grab tatsächlich befinden mag, was nach wie vor niemand genau weiß, so liegt es jedenfalls nicht dort, wohin sein Kopf geschafft wurde. Da nun aber zum einen, wie Märtin es ausdrückt, ein Vampir ohne Kopf »schlechterdings unvorstellbar« ist, und da zum anderen eines der probatesten Mittel, einen Vampir auf immer unschädlich zu machen, gerade darin besteht, ihm den Kopf abzuschlagen – *kann* der historische Dracula doch überhaupt kein Vampir gewesen sein … oder?

Wenn *er* aber schon keiner war, wie steht es denn dann mit all den anderen Menschen, denen im Laufe der Jahrhunderte dieses Etikett verpasst wurde – und zum Teil noch immer wird?

Der Massenmörder als Vampir

In Hannover an der Leine,
Rote Gasse Nummer acht
Wohnt der Massenmörder Haarmann,
Der die Leute umgebracht.

Aus den Augen macht er Sülze,
Aus dem Arsch da macht er Speck,
Aus dem Darm da macht er Würste,
Und den Rest, den schmeißt er weg.

Haarmann hat auch ein' Gehilfen,
Franz heißt dieser junge Mann,
Und der lockte mit Behagen
Viele junge Männer an.

Warte, warte nur ein Weilchen,
Dann kommt Haarmann auch zu dir.
Mit dem Hacke-Hackebeilchen
Macht er Hackefleisch aus dir.

Vlad Tepeş war kein Vampir und trank entgegen häufiger Behauptungen auch nicht das Blut seiner Feinde. Das wissen jedenfalls Forscher, die sich eingehend mit den zeitgenössischen Quellen befasst haben, und ihnen wollen wir glauben.

Er war aber beileibe nicht der einzige Mensch, dem das immer wieder nachgesagt wurde. Je intensiver die Recherchen, desto länger wird die Liste derjenigen Verbrecher, die aus diversen anderen Gründen als »Vampir« bezeichnet wurden oder noch immer werden. Und je mehr dieser sogenannten Vampire man sich näher anschaut, desto dringender wird der Wunsch, ein wenig Ordnung zu schaffen.

Zum einen sind hier all die Mörder versammelt, die von der Presse oder Zeitgenossen (oder beiden) als »Vampir von XY« gehandelt werden. Zum Zweiten werden in die Liste immer wieder Menschen eingereiht, die unglaubliche Gräueltaten mit ihren Opfern veranstalteten – sie zerstückelten und/oder schändeten und/oder aufaßen und was es dergleichen schreckliche Dinge mehr gibt. Zur dritten Kategorie gehören diejenigen, die angeblich oder nach eigener Aussage tatsächlich das Blut ihrer Opfer tranken – zu welchem Zweck auch immer. Und schließlich gibt es noch die »moderne« Variante: Hierunter fallen Personen, die im Wahn, wirklich ein Vampir zu sein, einen oder mehrere Morde begingen.

Streng genommen haben die Mörder der ersten Gruppe in einem ernsthaften Buch über Vampire nichts verloren, da sie ihren Vampirstatus in aller Regel nur Boulevardblättern verdanken, die durch derlei reißerische Titel ihre Auflage zu steigern hoffen (was ihnen ja auch meistens gelingt). Um aber aufzuzeigen, um wen es sich dabei handelt, müssen wir uns trotzdem kurz mit ihnen befassen. Zu diesen »Medien-Untoten« gehört beispielsweise der häufig genannte *Fritz Haarmann*, der sogenannte »Vampir von Hannover«. Er dürfte immer noch zu den in Deutschland bekanntesten Serienmördern zählen, und wie berühmt er zu seiner Zeit war, verraten die eingangs zitierten vier Strophen, die zur Melodie des damals populären Operettenliedes »Warte, warte nur ein Weilchen, bald kommt auch das Glück zu dir« gesungen wurden.

Nachgewiesen wurden dem im Jahr 1925 hingerichteten Haarmann 24 Morde. Tatsächlich dürften es erheblich mehr gewesen sein. Was ihn außer der großen Zahl seiner Opfer noch besonders interessant machte, war, dass er nebenher (eigentlich war er Altkleiderhändler) einen Wursthandel betrieb, der ihm ermöglicht haben *könnte*, das Fleisch seiner Opfer unauffällig zu entsorgen. Die einzige Verbindung von ihm zu einem Vampir besteht allerdings darin, dass man zwar weiß, dass er seine Opfer zerstückelte, aber nicht, auf welche Weise er sie umbrachte. Er selbst hat darüber widersprüchliche Angaben gemacht und unter anderem erklärt, er habe ihnen die Kehle durchgebissen, und wenn das nicht richtig funktionierte, sie erdrosselt. Die Behauptung, er habe dabei Blut getrunken, ist jedoch reine, durch nichts belegte Fantasie. Dazu trug sicher auch der Titel eines Buches bei, das sich ausgiebig mit ihm beschäftigte und Haarmann als »Werwolf« bezeichnet.

Etwas anders verhält sich die Sache beim sogenannten »Vampir von London«, *John George Haigh,* der 1949 hingerichtet wurde. Er verübte sechs Morde, und zwar anders als Haarmann aus reiner Habgier. Seine Opfer wählte er mit Bedacht aus und lockte sie unter verschiedenen Vorwänden in sein Arbeitszimmer. Er tötete sie entweder durch Schläge auf den Kopf oder durch einen Kopfschuss und löste ihre Leichname weitgehend in Schwefelsäure auf. Die Überreste verteilte er im Hof seines Hauses. Anschließend eignete er sich mit gefälschten Dokumenten ihr Vermögen an – bis er auf frischer Tat ertappt wurde. Man kann sich wirklich wundern, dass er so lange ungeschoren davonkam!

Dass man ihn als Vampir bezeichnete, geht auf ihn selbst zurück. Als er nämlich merkte, dass die Sache ernst wurde, versuchte er, sich als geisteskrank hinzustellen, um in eine psychiatrische Anstalt eingewiesen und nicht gehängt zu werden. So trank er zum Beweis seiner Verrücktheit in Haft seinen eigenen Urin und behauptete unter anderem, stets mit Lust vom Blut seiner Opfer getrunken zu haben.

Da die Gründe für derartige Aussagen aber auf der Hand liegen und die Motive für seine Taten für sich sprechen, kann man John George Haigh getrost aus der Reihe der historischen Vampire ausschließen.

Weiterhin ist hier der »Vampir von Düsseldorf«, *Peter Kürten,* zu nennen. Er ermordete mindestens neun Menschen, tötete zahlreiche Tiere und wurde im Jahr 1932 hingerichtet. Er begründete seine Taten stets mit dem unüberwindlichen Wunsch, an der Gesellschaft, die ihn zu dem gemacht hätte, was er war, Rache zu nehmen. So erklärte er, dass sein Blut und das seiner Opfer »über

[s]eine Peiniger kommen« würde. Mit anderen Worten, seine Motive, seien sie nun sexuell belastet gewesen oder nicht, hatten nichts mit denen zu tun, die man in der Regel einem Vampir nachsagt. Zwar ist verschiedentlich zu lesen, er habe Schwänen den Hals aufgeschlitzt und deren Blut getrunken, doch ist zum einen sehr die Frage, ob dies nicht – wie vieles andere auch, was von solchen Serienmördern behauptet wird – auf das Konto der sensationslüsternen Presse geht. Zum anderen spricht herzlich wenig an seiner Geschichte dafür, dass es speziell das Blut war, was ihn an seinen Morden berauschte.

Aus der zweiten Gruppe von angeblichen historischen Vampiren wird an erster Stelle zumeist *Gilles de Rais* genannt. Er lebte im 15. Jahrhundert, war ein französischer Graf und bedeutender Heerführer, der an der Seite der Jeanne d'Arc kämpfte. Er wurde in der Folge zum Marschall von Frankreich ernannt. All dies hinderte ihn nicht daran, äußerst grausame Morde an Kindern zu begehen – vor allem an Jungen, die er zuvor tagelang folterte und missbrauchte. Auf sein Konto sollen weit mehr als hundert Morde gehen. Dass er es überhaupt so lange so treiben konnte, verdankte er allein seinem ungeheuren Ansehen und seinem hohen gesellschaftlichen Stand. Im Jahr 1440 schließlich entging aber selbst er seiner Strafe nicht und wurde hingerichtet.

Es mag stimmen, dass er auch vom Blut seiner Opfer trank – im Vordergrund seiner Taten standen aber, selbst wenn ihm manche eine regelrechte Blutgier nachsagen, vermutlich ganz andere Motive (so vor allem seine Hoffnung, durch grausige schwarzmagische Rituale sein schwindendes Vermögen wieder aufzufüllen). Als einen echten »historischen Vampir« kann man ihn unserer Ansicht nach also nicht bezeichnen.

Nicht viel anders liegt der Fall bei einer der seltenen Massenmörderinnen der Geschichte, die ebenfalls dem Adel zugehörig war und deshalb sehr lange unbehelligt blieb, obwohl man ringsum über sie und ihr böses Treiben Bescheid wusste. Die Rede ist von der sogenannten Blutgräfin *Erzsébet (Elisabeth) Báthory*. Sie wurde

1560 in Ungarn geboren und starb im Jahr 1614. Im Laufe ihres Lebens soll sie angeblich mehrere Hundert Mädchen und Frauen gefoltert und getötet haben. Wegen 80 Morden wurde sie schließlich verurteilt. Mitwisser von ihren Taten gab es genug, und hätte sie sich auf die Bauernmädchen der Umgebung beschränkt, hätte sie vielleicht bis an ihr Lebensende weiter ungestört morden können.

Verbürgt soll sein, dass sie die Leichen ihrer Opfer in allen möglichen Winkeln ihres Schlosses, auch unter ihrem Bett, verstaute und erst dann hinausschaffen ließ, wenn sie allzu sehr anfingen zu stinken. Irgendwann aber beging sie die Dummheit, sich auch an adligen Töchtern zu vergreifen, und da wurde ihr schließlich das Handwerk gelegt.

Den Ruf, eine »Blutgräfin« zu sein, bekam sie, weil die Bewohner der Region die aufgrund der Foltern ausgebluteten Leichen sahen und nicht etwa dachten, sie hätte deren Blut getrunken. Sie glaubten vielmehr, sie hätte darin gebadet, um sich die Jugend ihrer Opfer auf diese Weise einzuverleiben. Dass diese Meinung allerdings nicht der Wahrheit entsprach, wurde von ernsthaften Forschern längst nachgewiesen. Erzsébet Báthory war vermutlich durch die ständige Inzucht ihrer Vorfahren degeneriert. Ihre Taten waren wohl, wenigstens zum Teil, durch traumatische Erlebnisse bedingt, die sie in der Kindheit und im Verlauf ihrer Ehe mit einem sehr brutalen Mann (Ferenc Freiherr Nádasdy) hatte – dass sie eine Vampirin gewesen wäre (oder sich für eine solche gehalten hätte), lässt sich ihr nach dem Stand der Forschung allerdings nicht nachsagen.

Während also bei allen bisherigen Personen die Assoziation mit einem Vampir unseres Erachtens auf äußerst wackeligen Beinen steht, gibt es doch auch Mörder, die – soweit man das überhaupt wissen oder ihnen Glauben schenken kann – aus einem wie immer gearteten Bedürfnis heraus tatsächlich das Blut ihrer Opfer getrunken haben sollen.

Hierzu gehört zum einen das sogenannte »Monster von Montluel«, ein gewisser *Martin Dummolard*, der im 19. Jahrhundert in der Gegend von Lyon mehr als 80 Mädchen und Frauen ermordet haben soll. Er soll von ihrem Blut getrunken haben. Stücke von ihrem Fleisch brachte er seiner Freundin Justine Lafayette mit nach Hause. Sie war nekrophil veranlagt und versessen auf Menschenfleisch. Im Jahr 1888 wurde das Pärchen gefasst. Während sie guillotiniert wurde, starb Dummolard einige Jahre später in einer Irrenanstalt.

Genauso blut-durstig soll *Antoine Léger* gewesen sein, auch er ein Franzose, der im 19. Jahrhundert lebte. Er soll ganz allein in den Wäldern gehaust und sich von dem ernährt haben, was er dort erlegte. Aber offenbar genügte es ihm irgendwann nicht mehr, bloß Tiere zu töten, und so begann er, Frauen aufzulauern, um sie zu vergewaltigen, ihnen die Kehle aufzuschlitzen und ihr Blut zu trinken. Anschließend aß er angeblich ihr Herz auf. Während seines Prozesses gab er an, von einem ewigen, unstillbaren Durst besessen zu sein, den er mit dem Blut seiner Opfer zu stillen gehofft habe. Antoine Léger starb im Jahr 1824 unter der Guillotine.

Weiterhin wäre *Joseph Vacher* zu nennen (leider wieder ein Franzose), der gefasst wurde, nachdem er einen Schafhirten getötet und aufgeschlitzt hatte. Wie sich herausstellte, hatte er vor seinem ersten Mord bereits zweimal versucht, sich das Leben zu nehmen. Beim zweiten Mal verletzte er sich ein Auge und zog sich eine einseitige Lähmung des Gesichts zu. Möglicherweise trug er auch einen geistigen Schaden davon. In seinem Geständnis gab Vacher an, mehr als zehn Morde begangen und alle seine Opfer sexuell missbraucht zu haben; er erklärte darüber hinaus, seine Taten seien darauf zurückzuführen, dass er als Junge von einem tollwütigen Hund gebissen worden und sein Blut seitdem vergiftet sei. (Dies erinnert stark an das klassische Motiv des »ansteckenden«, durch Biss übertragenen Vampirtums.) Er habe, wie er weiter behauptete, stets vom Blut seiner Opfer getrunken. Trotz dieser haarsträubenden Geständnisse wurde er für uneingeschränkt schuldfähig erklärt und im Jahr 1898 hingerichtet.

Um diese grausige Zusammenstellung von mehr oder weniger blutdürstigen Serienmördern abzuschließen, sei hier noch *Vincenzo Verzeni* erwähnt, kein Franzose diesmal, sondern ein Italiener, dessen Taten von allen hier genannten Fällen am ehesten an die eines echten Vampirs erinnern. Verzeni, geboren im Jahr 1849 im norditalienischen Bottanuco, war der erste sicher belegte Serienkiller Italiens und trieb von 1870 an mehrere Jahre lang sein Unwesen. Sein erstes Opfer, ein 14-jähriges Mädchen, wurde nackt und geschändet aufgefunden. Die Eingeweide waren ihr zum Teil entnommen und die äußeren Geschlechtsteile abgeschnitten worden. Sie hatte Erde im Mund und Bisswunden am Hals. Neben der Leiche fand man zehn strahlenförmig angeordnete Haarnadeln. Auch das nächste Opfer wies ähnliche Merkmale und zahlreiche Bisswunden auf, die an vampirische Rituale erinnerten. Außerdem trieb Verzenis Blutdurst ihn zu etlichen weiteren Mordversuchen.

Schließlich wurde er gefasst und entging einem Todesurteil nur, weil einer der Geschworenen dagegen stimmte. Er wurde also stattdessen zu Zwangsarbeit verurteilt. Weil er diese Arbeit allerdings nicht lange aushielt, kam er in eine Irrenanstalt für Kriminelle, wo man ihn derart quälte, dass er sich schließlich erhängte.

Im Verlauf seines Prozesses sagte Verzeni wörtlich:

»Ich habe wirklich diese Frauen getötet und versucht, diese anderen zu erwürgen, weil mir das ein unendliches Vergnügen bereitete. Die Verletzungen, die man an den Oberschenkeln fand, rührten nicht von meinen Nägeln, sondern von meinen Zähnen

her, denn nachdem ich sie erwürgt hatte, habe ich sie gebissen und das ausgetretene Blut mit sehr großem Genuss aufgeschlürft.«

Zu Verzenis Zeiten wusste man in Italien in nichtwissenschaftlichen Kreisen, also »im Volk«, vermutlich recht wenig über die Vampire des südosteuropäischen Raumes, denn Bram Stokers Buch war noch nicht erschienen, und von einer »Vampirwelle« wie der gegenwärtigen konnte keine Rede sein.

Aber ...

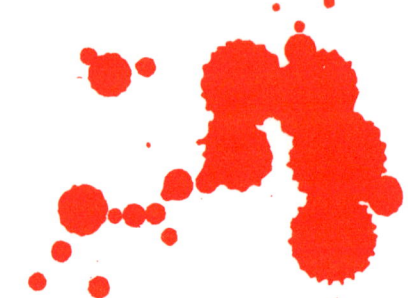

Mord im Namen des Vampirs

A ber … dass es in der *heutigen* Zeit tatsächlich Menschen geben würde, die im Namen der Vampire Morde begehen, war eigentlich vorauszusehen. Schließlich lebten, solange an die Existenz des Teufels geglaubt wird, auch Verirrte, die in seinem Namen töteten. Wobei hinzuzufügen ist, dass die Grenze zwischen Teufel und Vampir in mancherlei Hinsicht und vor allem auch in der Vorstellung vieler Vampirliebhaber *äußerst* fließend ist …

Als einer von vielen sei hier lediglich *Rod Ferrell* erwähnt, weil er ein sehr typisches Beispiel dafür ist, was Rollenspiele, Fantasy-Filme und dergleichen bei Menschen anrichten können, die – aus welchen Gründen auch immer – irgendwann nicht mehr imstande sind, Fiktives von Wirklichem zu unterscheiden.

Rod Ferrell, geboren 1980, war das Oberhaupt eines von ihm gegründeten Vampirclans in Murray (Kentucky). Die etwa 30 Angehörigen dieses Clans tranken Blut und bildeten sich ein, fliegen zu können. Sie pflegten sich in einem verlassenen Hotel in den Wäldern zu treffen, das sie das »Vampirhotel« nannten. Im Jahr 1998 wurde Rod für schuldig befunden, ein Ehepaar aus Florida mit einer Brechstange erschlagen zu haben. Das zunächst ausgesprochene Todesurteil wurde dann in eine lebenslange Haftstrafe umgewandelt. Seine Opfer waren ihm nicht unbekannt, denn es handelte sich um die Eltern seiner jugendlichen Freundin Heather Wendorf. Ob sie in irgendeiner Weise von dem Mordplan wusste und daran beteiligt war, ist nach wie vor nicht völlig geklärt, doch wurde sie in allen Anklagepunkten freigesprochen.

Ferrell war oder ist der festen Überzeugung, er sei der 500 Jahre alte Vampir Vesago und mithin unsterblich. Je mehr Leute er tötete, desto eher würden sich die Tore der Hölle für ihn öffnen. In der Vergangenheit hatte er bereits das Blut von Tieren, die er zuvor quälte und tötete, getrunken.

Ferrell wurde zum einen stark von seiner Mutter beeinflusst, die selbst okkulte Riten praktizierte und sich ebenfalls für einen Vampir hielt, zum anderen durch das Rollenspiel *Vampire: The Masquerade*, erfunden von Mark Rein-Hagen und veröffentlicht von White Wolf, das er allerdings, um seine brutalen Taten zu rechtfertigen, um eigene Spielregeln erweitert hatte.

In der Folge gründeten sich die »Söhne von Rod« unter ihrem Anführer Chamber, dessen wirklicher Name nur dem Clan bekannt ist und der von sich behauptet, der Bruder des Vesago zu sein und Arcaine zu heißen. Das Ziel des Clans ist es, Rod zu rächen.

Hier sollten wir kurz auf ein Stichwort eingehen, das älteren Lesern vielleicht nicht so viel sagt: das Rollenspiel. (Die Fantasy-Rollenspiel-Liebhaber und -Kenner dürfen hier getrost weghören.) Kurz gesagt, sind Rollenspiele eine verfeinerte und obendrein auf verschiedenste Themen (Elfen, Drachen, Prinzessinnen, Horror, Western etc.) angewandte Variante des alten Indianer-und-Cowboy-Spiels. Wenn wir sagen »verfeinert«, dann deshalb, weil es hier nicht nur darum geht, dass die einen die anderen möglichst rasch um die Ecke bringen. Vielmehr kommen hier eine Unmenge an Geschichten, Szenarien, Charakteren, Geräten, Waffen usw. zum Tragen. Bei spontanen Rollenspielen wird der Verlauf – sieht man von gewissen allgemein bekannten Grundregeln (Cowboys fahren nicht Motorrad, sondern reiten, Indianer kämpfen nicht mit Interkontinentalraketen, sondern mit Pfeil und Bogen …) ab – ganz und gar durch die Teilnehmer gesteuert. Die meisten Fantasy-Rollenspiele gehören dagegen zu den »durchkomponierten Spielen« mit einem festen, sehr strengen Regelwerk. Den Mitspielern wird also vom Spielleiter mitgeteilt, was die von ihnen jeweils dargestellte Figur an grundsätzlichen (z. T. übernatürlichen) Fähigkeiten hat, an Waffen besitzen darf und dergleichen mehr.

Jeder Spieler muss sich natürlich möglichst gut in seine Rolle hineinversetzen, ganz besonders aber der Spielleiter, von dem auch, je nach den Einfällen seiner Mitstreiter, gehöriges Improvisationstalent und ein wunderbares Gedächtnis verlangt werden. Grundsätzlich zu unterscheiden ist zwischen dem Rollenspiel, das man am Tisch sitzend mithilfe von Würfeln, Papier und Stift durchführt (den sogenannten Pen-&-Paper-Rollenspielen), denjenigen, die man am Computer sitzend spielen kann (CRPG, Computer Role Playing Game) und den Live-Rollenspielen (LARP, Live Action Role Playing) – wobei die Grenzen zwischen diesen drei Grundtypen fließend sind.

Die Live-Rollenspiele erfordern einen völlig anderen Einsatz, Kostüme und bestimmte Utensilien von jedem Spieler, denn sie werden eben »live« an einem bestimmten Ort gespielt. Auf der einen Seite sind dadurch natürlich der Fantasie Schranken auferlegt, weil ein echt dargestellter Vampir beispielsweise nicht einfach durch die Luft fliegen kann. Auf der anderen Seite kann sich jeder viel eher in seine Rolle hineinversetzen, als wenn er am Spieltisch sitzt. Solche LARP-Spiele werden zumeist von Privatpersonen organisiert, wobei die Teilnehmerzahl zwischen 8 und 50 schwankt. Bei größeren Treffen sind es mitunter auch über 100 Spieler. Sie treffen sich an bestimmten Orten, wobei von Privatwohnungen über Gaststätten, Grillplätzen usw. so ziemlich jedes Setting möglich ist. Solche Zusammenkünfte dauern zwischen einer Stunde, über eine ganze Nacht bis hin zu einem Wochenende, und jedes Szenario baut inhaltlich auf dem vorherigen auf.

Was nun den Vampir angeht, so gibt es inzwischen eine ganze Reihe von Rollenspielen (*Dracula Resurrection*, *Dracula2 – Die letzte Zufluchtstätte*, *Vampire: Dark Ages*, *Vampire: Victorian Age* etc.), von denen einige auf dem oben erwähnten *Vampire: The Masquerade* oder dessen Nachfolgespiel basieren. An dieser Stelle mögen einige Worte über dieses 1991 erfundene und seitdem vielfach veränderte Spiel genügen, um deutlich zu machen, welchen Grundcharakter Rollenspiele haben. Neben der mehr oder minder ausführlichen Geschichte und den unterschiedlichsten zum Thema passenden Figuren (also zig verschiedenen Drachenarten,

Elben, Zwergen oder eben Vampiren) muss man deren teilweise höchst fantasymäßige Namen, besonderen Fähigkeiten, spezifisches Aussehen und Geschichte, Waffen und Charakter genauestens kennen, um das Spiel zu beherrschen.

Vampire: The Masquerade, das erste maßgebliche Rollenspiel mit Vampiren überhaupt, ist ein Pen-&-Paper- oder »Erzähl-Rollenspiel«, das allerdings auch live gespielt werden kann. Die Betonung liegt auf einer ausführlichen Geschichte und einem düsteren Gesamtszenario. Die Vampire führen ihre Existenz auf Kain zurück (weshalb sie auch Kainskinder oder Kainiten heißen) und sie stellen quasi die Strafe dar, die Gott Kain auferlegte. Sie führen einen heiligen Krieg gegeneinander, es gibt Jahrhunderte während Verschwörungen und Interaktionen mit den Normalsterblichen. Alles führt hin zu einem großen Finale, Gehenna genannt.

Die Vampire essen nichts, haben auch keinen Herzschlag, weil sie ja lebende Tote sind, brauchen aber regelmäßig Blut, um ihr eigenes (die »Vitae«) zu erneuern. Sie haben im Allgemeinen ein Spiegelbild und einen Schatten, können nicht fliegen und reagieren nicht sonderlich auf die typischen Abwehrwaffen wie Knoblauch und dergleichen. So weit, so einfach. Nun aber wird es reichlich kompliziert mit den verschiedenen Sekten (Camarilla, Sabbat), deren Clans (Brujah, Gangrel, Toreador, Tzimisce usw.), unabhängigen Clans (Giovanni, Ravnos), Anticlans und Blutlinien (so Salubri, Baali). Es ist eine ganze Wissenschaft, sich ein solches Regelwerk einzuprägen, ehrlich! Allein die Infos zu einem einzigen Clan der Camarilla, die »im späten Mittelalter« als eine Art »Vereinte Nationen« der Vampire gegründet wurden, »um die Kinder der Nacht vor den Säuberungen der Inquisition zu schützen und das Konzept der Maskerade in die Vampirgesellschaft einzuführen«, machen deutlich, welch enormer gedanklicher Aufwand nötig ist, um sich mit allen Feinheiten vertraut zu machen. Einige Sätze zu den *Malkavianern* mögen als Beispiel dienen.

Zunächst einmal sind alle Mitglieder dieses Clans verrückt und jedes von ihnen hat seine spezifische Art von Geisteskrankheit. Auch sind sie imstande, andere wahnsinnig zu machen. Daher fürchtet man sie, schätzt sie gleichzeitig aber als Berater, da sie auf ihre verrückte Art erleuchtet sind. Das kann man sich ja noch leicht einprägen; aber nun: »Sie sind in Sabbat und der Camarilla aktiv. Obgleich sich die Malkavianer des Sabbats Antitribu nennen, ist zwischen beiden Zweigen nur selten ein merklicher Unterschied auszumachen. Einige Jahrhunderte lang fehlte den Malkavianern der Camarilla die Fähigkeit, ihre Geisteskrankheit mittels der Disziplin Irrsinn zu übertragen. Stattdessen verfügten sie über die hypnoseartige Kraft der Beherrschung. 1997 änderte sich das plötzlich. Irrsinn breitete sich unter den Malkavianern wie eine ansteckende Krankheit aus, sodass heute beinahe alle wieder über diese furchterregende Gabe verfügen.«

Oder allein dieser Satz über den unabhängigen Clan der Jünger des Seth: »Die Clandisziplinen der Sethiten sind Serpentis, Präsenz und Verdunkelung.« Das lässt doch den Uneingeweihten ratlos die Stirn runzeln, oder?

Kurz: So ein Spiel ist keineswegs etwas für Doofe – ganz im Gegenteil. Der Spieler, der die Sache ernsthaft betreibt, muss über ein gutes Gedächtnis verfügen und einen Sinn für Fantasy haben, auch wenn bei den Vampir-Rollenspielen Intrigen, Macht, Mystik und Politik statt den sonst üblichen Kämpfen im Vordergrund stehen. Eine wahrscheinlich unverzichtbare Übung ist zweifellos die Lektüre dicker Fantasy-Romane, in denen ja solche Unmengen an Namen, handelnden Personen und Erzählsträngen vorkommen, dass ein harmloser Agatha-Christie-Leser schon nach 20 Seiten rettungslos den Faden verlieren würde.

Ein Rollenspiel ist also, von allem anderen einmal abgesehen, gut als Gedächtnistraining, und ob es sinnvoller ist, sich die Fußballergebnisse der letzten 50 Jahre oder die Details eines Rollenspiels einzuprägen, mögen andere entscheiden … Was nun die Vampire angeht, so sind für den deutschsprachigen Raum die Bemühungen von Friedhelm und Ulrike Schneidewind hervorzuheben, die eine auf den verschiedenen Traditionen basierende Grundanleitung im Umgang mit Vampiren für Rollenspiele erarbeiteten und in ihrem umfangreichen *Vampyrjournal* ins Netz stellten.

Sicher ist, dass, wer ein solches Rollenspiel mit Hingabe spielt, gedanklich und emotional mehr involviert ist als beim Räuber- und-Gendarmen-Spiel, ja, sein muss, um alles behalten zu können. Das bedeutet aber nicht, dass so jemand zwangsläufig jeden Realitätsbezug verliert, wie Rollenspielern oft von Außenstehenden vorgeworfen wird. Es gibt schließlich auch jede Menge Menschen, die auf kleineren oder größeren Bühnen Theater spielen, und was sind da manchmal für blutrünstige Rollen dabei! Es bedeutet also lediglich, dass jemand mit der Veranlagung dazu und der entsprechenden Erziehung, jemand wie Rod Ferrell also, den Bezug zur Realität verlieren *kann*! Aber das ist hoffentlich doch die Ausnahme.

Es bleibt festzuhalten, dass der wesentliche Grund, warum außer Rod Ferrell alle genannten Verbrecher verschiedentlich als Vampire bezeichnet werden, darin besteht, dass sie angeblich oder wirklich vom Blut ihrer Opfer tranken. Inwieweit dies das Einzige ist, was nach dem Volksglauben verschiedener Völker einen Vampir ausmacht – und ob das überhaupt stimmt –, werden wir im nächsten Kapitel untersuchen.

Was einen Vampir ausmacht

Vor etwa 150 Jahren lebte im Bezirk Zvornik [Bosnien-Herzegowina] eine Popenfrau, nach deren Ableben ein großes Sterben im Haus einriss. Damals starben auch dem Großvater meiner Mutter, dem Bauern Pero, alle Hausleute bis auf drei Knaben, und er verlegte sich darauf, nachts aufzupassen. Er zündete in der Küche ein großes Feuer an und wartete. Plötzlich um Mitternacht erscheint die Popadija im Haus, Pero aber springt auf, ergreift einen Weißdornbrandscheit vom Feuer weg, fängt an, auf die Popadija einzuschlagen und jagt sie hinaus. Sie bleibt jedoch vor dem Hause und ruft: »Komm mal hier heraus, greiser Pero, schlag mich nur ein wenig und ich werde gleich krepieren!« Pero entgegnet: »Hinaus gehe ich nicht und ins Haus herein lasse ich dich nicht.« Darauf sie: »Na wart nur, greiser Pero, es wird dir kein einziger Sohn bleiben, bei dem du dich verschwören könntest!«

Als am Morgen der Tag graute, begab sich Pero mit dem Dorfschulzen und einem Bauern zum Popen und meldete ihm, die Popadija sei auferstanden und raffe die Leute dahin. Der Pope sagte: »Es ist nicht wahr!«

Pero jedoch ging vor Gericht nach Zvornik und sagte, die Popadija habe sich in einen Vampir verwandelt und er habe ihr in vergangener Nacht im Hause die Leichendecke berußt, als er sie geschlagen. Das Gericht gestattete ihm, das Grab aufzugraben. Im Verein mit den angesehensten Männern im Dorf grub er das Grab auf. Da fanden sie die Popadija wie einen Bottich aufgeschwollen, und sie nahmen einen zugespitzten Weißdornpfahl, pflanzten ihn der Popadija auf den Bauch und schlugen ihr mit einem Hammer den Pfahl in den Leib hinein. Darauf machten sie ein großes Feuer an und verbrannten sie zu Asche und Kohle. Ja richtig, als sie das Grab aufzuscharren anfingen, kroch eine Natter heraus, Pero aber erschlug die Natter auf der Stelle. Von da ab hatten sie Ruhe im Dorfe und das jähe Sterben hörte auf.

Diese Geschichte ist kein Märchen, sondern die mündliche Erzählung eines Bauern, die vor etwa hundert Jahren in ein ethnografisches Werk über die Südslawen aufgenommen wurde. Viele Details daraus erhellen, was man vor allem in slawischen Ländern über die Vampire glaubte und – wie aktuellen Zeitungsberichten aus Rumänien zu entnehmen ist – vielerorts auf dem Land auch heute noch glaubt.

Dass wir uns im Wesentlichen auf Berichte aus dem südost- und osteuropäischen Raum beschränken, hat seinen Grund schlicht darin, dass hier das Wort »Vampir« (in dieser oder einer ähnlichen Form, wie beispielsweise im Russischen *upir*) im Volksglauben bekannt ist. Wo es allerdings tatsächlich herkommt, weiß keiner genau. Die einen behaupten, es sei slawischen Ursprungs, andere meinen, Parallelen im Türkischen zu erkennen.

Da man sich über seinen Ursprung nicht sicher ist, weiß man natürlich auch nicht, was das Wort »Vampir« genau bedeutet. So heißt es beispielsweise, es würde mit »saugen« oder aber mit »Vogel« zusammenhängen – aber das sind nur zwei von mehreren Möglichkeiten. Brennpunkt seiner Verbreitung ist jedenfalls nach heutigem Wissensstand der bulgarisch-mazedonisch-serbische Raum. Und dort ist der Vampir sicher schon seit vielen Hunderten von Jahren bekannt und ureigentlich zu Hause.

Wie wir aus der eingangs referierten Geschichte erfahren, sucht eine Tote die Lebenden heim, und zwar zunächst die Familienangehörigen, die daraufhin der Reihe nach sterben. Genau dies ist ein weit verbreiteter Glaube, weshalb man sich früher und auch heute noch regelmäßig, vor allem dann, wenn es zu gehäuften Todesfällen kam, davon überzeugte, dass die Toten auch wirklich tot waren. So grub man einen »verdächtigen« Leichnam wieder aus, um zu prüfen, ob er sich nicht vielleicht in einen Vampir verwandelt hatte. War er gut verwest, wusch man ihn mit Wasser und Wein und begrub ihn wieder. War das aber nicht der Fall, musste umgehend Abhilfe geschaffen werden.

Sicherstes Zeichen dafür, dass der Tote, den man ausgräbt, inzwischen zu einem Vampir geworden ist, ist seine Farbe. Er ist nämlich rot und außerdem sehr prall – von all dem Blut natürlich, das er seit seinem Ableben getrunken hat. Man muss ihn sich in etwa wie eine mit Wein gefüllte menschliche Hülle vorstellen. Manche haben außerdem einen blutigen Mund oder ein offenes Auge und nur ein einziges Nasenloch. Außerdem *liegen* viele vampirische Tote nicht etwa in ihrem Grab, sondern hocken in einer Ecke. Vor allem nachts kommen sie dann hervor, wobei Augenzeugen aus Mähren dieses Ereignis so beschrieben haben: »Man sieht, wie etwas zu wühlen anfängt, wie eine Henne in einem Aschenhaufen, dann wächst es wie ein Schaf.«

Wer sich nun aber schon ausmalt, eine gruselige Leiche mit blutig triefendem Mund verlasse das Grab, sei hiermit enttäuscht. Es ist nämlich völlig offen, welche Gestalt ein Vampir annimmt. Davon abgesehen, dass er als Mensch erscheinen kann, ist er imstande, sich ganz nach Belieben zu verwandeln.

Ein recht sicheres Zeichen dafür, dass mit einem Toten etwas nicht stimmt, sind daher Mauselöcher in der Nähe des Grabes oder im Grab selbst, durch die er nachts entweicht. Aber er kann auch zu jedem anderen Tier werden, und einer seiner Lieblinge ist der Schmetterling. Wie die Hexen liebt er auch Katzen oder manche Vögel – Fledermäuse werden in diesem Zusammenhang anders als bei den Hexen allerdings keineswegs besonders hervorgehoben. Dagegen werden Kröten, Flöhe, Wanzen, Spinnen oder Fliegen immer wieder erwähnt.

Außer den Mauselöchern gibt es noch weitere Indizien dafür, welchen Toten man besser wieder ausgraben sollte. Eine recht sichere Methode beispielsweise soll sein, ein weißes Pferd, am besten mit einer jungfräulichen Reiterin, über den Friedhof und die Gräber laufen zu lassen. Vor Gräbern, in denen ein Vampir ruht, wird das Pferd unweigerlich scheuen. Auch ein schwarzer Hahn, den man nachts auf einem Friedhof frei laufen lässt, zeigt einen Vampir an, wobei er auf dessen Grab einschläft oder in dessen Nähe kräht. Auf das Grab gestreute Asche oder Salz machen am andern Morgen durch etwaige Fußspuren deutlich, ob es in der Nacht verlassen wurde.

Über das Aussehen von Vampiren gibt es unterschiedliche Aussagen. Die einen meinen, er falle überhaupt nicht auf, sähe aus wie du und ich. Andere dagegen wissen, dass er keine Knochen hat, zottig und zerzaust wirkt und sein Totengewand trägt. Er hat große glotzende Augen und lange Nägel (weil er sich die im Grab ja nicht schneiden kann), und seine Stimme kann er ganz nach Belieben verändern. Das mit den fehlenden Knochen widerspricht allerdings der Aussage, dass man bei der Unschädlichmachung eines Vampirs darauf achten muss, auch ja jedes kleinste Knöchelchen zu verbrennen. Aber wie in anderen Punkten, gehen hier eben die Ansichten auseinander. Zuweilen soll er tatsächlich – das passt wunderbar zu den heutigen Erwartungen und entsprechenden Filmen – an seinem bluttriefenden Mund zu erkennen sein.

Dass der Vampir kein Spiegelbild und keinen Schatten hat, scheint übrigens *kein* volkstümlicher Glaube zu sein. Wozu uns ein Bildwitz einfällt: Ein Vampir steht, die Zahnbürste in der Hand, vor einem Spiegel, in dem zwar die Zahnbürste, aber nicht der Vampir zu sehen ist. Daneben steht geschrieben: »Warum Vampire so schlechte Zähne haben.«

Seltsamerweise scheint die Zahl 40 im Zusammenhang mit dem Tod bei den Balkanvölkern eine große Rolle zu spielen. 40 Tage nach dem Tod eines Menschen entscheidet sich das Schicksal des Betreffenden. Innerhalb dieser Zeitspanne ist er also noch nicht richtig tot. Unglückliche Umstände können während dieser Wochen bewirken, dass er zum Vampir wird. Bei den Bulgaren heißt es leicht modifiziert, ein Vampir bleibe erst einmal neun Tage lang ruhig in seinem Grab liegen. Dann verlasse er seine unterirdische Behausung, um 40 Tage lang die Menschen als feuriger, aber harmloser Schatten zu erschrecken – und dann erst würde er sein grausiges Tun beginnen.

Argwohn schöpfte man von vornherein, wenn jemand nach seinem Tod noch wunderbar rote Backen hatte, und sah daher vorsichtshalber vor Ablauf der 40 Tage nach, ob dieser Verdacht berechtigt war oder ob das Phänomen eine harmlose Ursache hatte.

Nun ist der Vampir also – in welcher Gestalt auch immer – aus seinem Grab auferstanden, doch was tut er dann? Zunächst einmal wird immer wieder betont, dass er in erster Linie seine Verwandten quält. Aber auf welche Weise? Hier müssen wir mit einem weiteren Vorurteil aufräumen: Menschen in die Halsschlagader zu beißen und ihnen das Blut auszusaugen wird in den volkstümlichen Erzählungen und Augenzeugenberichten keineswegs als die charakteristische Aktivität eines Vampirs angegeben. Nein, er saugt seinen Opfern vielmehr *die Kraft* aus. Das kann durchaus ein längerer Prozess sein, wie ja auch in *Carmilla* oder Bram Stokers *Dracula* der Fall. Die betroffene Person wird schwächer und schwächer, bleicher und bleicher, bis sie eines Tages stirbt. Eine andere »Quälmethode« des Vampirs ist das nächtliche Würgen und Drücken – was ebenfalls über kurz oder lang tödlich endet.

Aber der Vampir vergreift sich nicht nur in dieser Weise an den Lebenden, er kann auch sexuelles Interesse an einer Frau, oft seiner eigenen, bekunden. Von Vampiren heimgesuchte Frauen sehen, wie es heißt, häufig ausgemergelt und übernächtigt aus. Das untrügliche Merkmal eines aus einer solchen Vereinigung entstandenen Kindes ist, dass es, wie sein vampirischer Vater, keine Knochen hat. Die Zigeuner glaubten, ein Vampir könne nur Söhne, keine Töchter zeugen. Ein solches Kind wurde »Dhampir« genannt und sollte (neben zweigeschlechtlichen Zwillingen, die an einem Samstag geboren wurden) die Gabe besitzen, Vampire zu sehen. Der Dhampir fällt dann in Trance, zielt nach ausführlichen Vorbereitungen mit dem Gewehr auf seinen (für die anderen unsichtbaren) Gegner und tötet ihn – worauf sich plötzlich ein fürchterlicher Gestank ausbreitet.

Mancherorts glaubte man weiterhin, dass Vampire zwei Herzen (oder Seelen) haben, von denen eines praktisch unsterblich ist, wenn man sich nicht der vereinten Methoden bedient, die wir weiter unten erörtern werden.

Vampire entsteigen zwar, wie gesagt, im Allgemeinen nachts ihrem Grab, aber sie sind keineswegs, wie in den meisten Filmen dargestellt, *ausschließlich* nachts aktiv. Wo ihnen nachgesagt wird, sie müssten vor dem ersten Lichtstrahl zurück in ihrer düsteren Behausung sein, vermischen sich vermutlich Traditionen. Denn wer den ersten Sonnenstrahl tatsächlich fürchtet wie der Teufel das Weihwasser, weil sie dann auf ewig zu Stein werden, sind die nordischen Trolle. Immerhin schien man sich weitgehend darüber einig zu sein, dass *tagsüber* herumlaufende Vampire keine übermenschlichen Fähigkeiten besitzen. Außer zu allen nur denkbaren Verwandlungen in Tiergestalt, in Dunst oder Nebel, sind sie nachts dagegen auch imstande, sich unendlich klein und schmal zu machen oder aus den Wolken den Tau zu stehlen und so Wassermangel zu bewirken. Um Letzterem einen Riegel vorzuschieben, warf man die Leichen mutmaßlicher Vampire in Gewässer, dann waren sie dazu nicht mehr fähig.

Nachts halten sich Vampire gern auf Friedhöfen, auf Kreuzwegen, in der Nähe von Mühlen und an Gewässern auf. Besonders aktiv sind sie vor allem am St. Georgstag (23.4.), wie man schon aus Bram Stokers Roman weiß, und auch in der Nacht des Andreastages (30.11.). Besonders in dieser Nacht erscheinen die Vampire den Menschen als Irrlichter. Dann führen sie, glaubte man we-

nigstens in Rumänien, an der Grenze zwischen zwei Gemeinden mit Dreschflegeln, Heugabeln und Ähnlichem bewehrt, eine Art Hexentanz auf. Von einem Obervampir werden ihnen ihre Aufgaben für das nächste Jahr zugeteilt. Dies erinnert stark an das, was wir weiter unten über den Werwolf sagen werden, und zeigt außerdem, wie eng der Vampirglaube mit dem Hexenglauben verschwistert ist. Der Winter soll bei Vampiren beliebter sein als der Sommer, und samstags sollen sie meist nicht ausgehen, sondern in ihren Gräbern ruhen. Neben den erwähnten Tagen lieben sie vor allem die Tage um den Vollmond. Wenn der Mond fast am Verschwinden ist, sind sie dagegen weniger mächtig.

Grundsätzlich scheint sich der Vampir gern in der Nähe bewohnter Siedlungen, allerdings stets auf dem Land, herumzutreiben – also bei einem Dorf oder bei dem Haus, in dem er zu Lebzeiten wohnte. Um sich bemerkbar zu machen, wirft er zuweilen Steine oder Erde aufs Dach, oder man vernimmt ein Geräusch wie lautes Sieben. Bei einer aktiven Mühle kann plötzlich das Mühlrad scheinbar grundlos stillstehen (weil er es nämlich anhält). Gelangt er in ein Haus hinein, schmeißt er mit Gegenständen herum oder hält einem nichts Böses ahnenden Hausbewohner Erde von einem Grab unter die Nase, damit er daran riecht, niest und infolgedessen selbst zu einem Vampir wird. Verhindern können andere diese Verwandlung nur, indem sie sofort: »Gesundheit!« rufen.

Bleibt ein Vampir sieben Jahre lang unentdeckt, steht es ihm frei, beliebig weit zu reisen. Aber diese Ansicht ist eher vereinzelt zu hören. Häufiger wird gesagt, dass er, sobald er seine Familie vollständig ausgerottet hat, auf den nächsten Kirchturm steigt (oder fliegt) und dort die Totenglocke läutet. Alles, was in Hörweite dieser Glockentöne liegt, ob Mensch oder Tier, ist ihm dann verfallen.

Besonders interessant ist natürlich die Frage, wer – beziehungsweise wie man – zu einem Vampir wird. Hierüber gibt es die verschiedensten Angaben. Grundsätzlich werden drei Möglichkeiten genannt: Zum einen geschieht es durch Vererbung oder aus anderem (weiter unten genannten) Grund bereits bei der Geburt, zum anderen wird man es durch »Ansteckung« und zum Dritten durch äußere Umstände. Grundsätzlich aber kann dieses Schicksal jeden zu jeder Zeit ereilen.

Die Ansicht, dass unehelich geborene Kinder zu Vampiren werden, ist natürlich (schon aus Gründen der political correctness) entschieden abzulehnen, zumal sie klar auf christliche Einflüsse zurückzuführen ist. Nicht christlich ist dagegen die Anschauung, dass Kinder, die mit einer sogenannten Glückshaube geboren werden, dem Vampirismus verfallen sind. Von der Glückshaube – bei der es sich um die Fruchtblase handelt, die bei manchen Babys bei der Geburt wie ein Häubchen auf dem Kopf liegt –, ist im gesamten europäischen Volksglauben immer wieder im Zusammenhang mit Geistern die Rede. So sollen solche Kinder beispielsweise geister- oder hellsichtig sein – also das, was man in Norddeutschland Spökenkieker nennt. Gleiches gilt im Übrigen für den siebten Sohn eines siebten Sohnes oder die siebte Tochter einer siebten Tochter. Oder auch nur das siebte Kind jeweils gleichen Geschlechtes.

Kinder, die bei der Geburt andere ungewöhnliche Merkmale aufweisen, die also etwa schon Zähne oder Haare – und vor allem *rote* Haare – haben, gelten ebenfalls als künftige Vampire. Weiterhin kann der Fluch einer – im gesamten Volksglauben mit dem Ruch des Ominösen umgebenen – Hebamme das Kind bereits bei der Geburt dazu verdammen, dermaleinst ein Vampir zu werden.

Die Sache mit der »Ansteckung« durch einen Kontaktbiss ist dank des literarischen Vampirs ausreichend bekannt, auch wenn es hier durchaus einige Varianten gibt. So weisen etwa seltsame Stiche an irgendeinem Körperteil, also nicht lediglich die legendären zwei Bissstellen am Hals, darauf hin, dass sich ein Vampir an einem vergriffen hat. Aber auch ohne sichtbares äußerliches Zeichen kann man gebissen worden sein. Um sich vor der »Ansteckung« durch einen Toten (innerhalb der erwähnten 40 Tage) zu schützen, spickte man in früheren Zeiten (und manchmal auch heute noch) den Sarg des Toten mit eisernen Nägeln oder legte einen Gegenstand aus Eisen hinein, weil Geister und Geistwesen jede Art von Eisen scheuen – nicht umsonst nagelt man sich seit alter Zeit Hufeisen an die Haustüren. Besonders beliebt war es, den Toten Nägel in die Fußsohlen zu schlagen. Auch sollte der Sarg nach Möglichkeit mit eisernen Klammern und dergleichen gut verschlossen werden.

Ein seltsamer und zum Lächeln verführender, aber viel belegter Brauch war es, dem Toten, damit er in seinem dunklen Grab aus Langeweile nicht auf dumme Gedanken kam, »etwas zu tun zu geben«. Außerdem bewachten die Angehörigen den Verstorbenen, bis er sicher im Grab lag, und achteten vor allem darauf, dass keinerlei unreine Tiere mit ihm in Berührung kamen oder der Schatten eines Menschen auf ihn fiel. – Weitere Schutzmaßnahmen besprechen wir, da sie im Prinzip auch für die Lebenden gelten, in einem späteren Kapitel.

Außer durch »Ansteckung« gibt es eine Vielzahl an Möglichkeiten, zu einem Vampir zu werden. Einige davon lassen sich vermeiden, so etwa das schlichte Böse- oder Schlechtsein. Bei anderen ist es weit schwieriger: Es genügt beispielsweise – und das wird immer wieder erzählt –, dass man ahnungslos im Gras liegt und der Schatten eines anderen auf einen fällt, oder dass ein Tier über einen hinwegspringt. Personen, die den bösen Blick an sich haben, Selbstmörder, Kinder, die eines gewaltsamen Todes sterben oder die nicht bestattet wurden, aber auch Mörder ereilt dieses Schicksal. Insbesondere Frauen, die ihre Kinder töteten, sollen später zu verderblich lockenden Vampiren werden.

Auch wer flucht, Festtage nicht einhält, Geizhälse, Wucherer und Zauberer sind nach ihrem Tod gefährdet. Das Schicksal eines Vampirs droht vor allem Außenseitern und Mitgliedern von Randgruppen – wie das im Übrigen auch bei den Hexen der Fall war. Bestimmte Berufs- oder Volksgruppen werden dementsprechend sowohl im Zusammenhang mit den Vampiren wie mit den Hexen, den Elben und Zwergen immer wieder genannt: vor allem Schäfer, Müller, Holzhauer, Holzsammlerinnen, Kräuterweiblein und Zigeuner. Sie lebten früher abseits von der Gemeinschaft, beschäftigten sich mit der Natur, hielten sich von den anderen Menschen schon ihrer Lebensumstände wegen eher fern und waren daher Gegenstand von Tratsch und übler Nachrede. Ihre Kenntnis von Kräutern und Pflanzen, die dieser enge Kontakt mit der Natur mit sich brachte, und ihre daraus resultierenden Heilkünste kosteten zur Zeit der Hexenverbrennungen bekanntlich nicht wenige von ihnen das Leben.

Sehr ungewöhnliche Geschichten werden auch über den Besuch von Vampiren in Spinnstuben erzählt, worauf wir im nächsten Kapitel eingehen.

Was man sich früher
über Vampire erzählte

Sowohl in den Augenzeugenberichten wie in den Märchen über Vampire wird eines deutlich: Die Grenzen zwischen ihnen und anderen volkstümlichen Wesen sind fließend. In der folgenden kleinen Geschichte aus Rumänien etwa erkennt man zwei auch für die Hexen typische Motive wieder: den Flug durch die Luft und die berühmte Salbe.

Ein junger Mann arbeitete als Knecht bei einer Bäurin, die in Wirklichkeit ein weiblicher Vampir war. Eines Tages bemerkte er, dass sie ganz und gar mit Blut beschmiert war, und fing an, sie heimlich zu beobachten. So sah er, wie sie sich des Nachts mit irgendeiner Substanz gründlich salbte und dann durch den Schornstein verschwand. Der Knecht hatte sich gemerkt, wo sie die Salbe aufbewahrte, schmierte sich selbst ebenfalls damit ein und folgte ihr. Er flog durch die Nacht, bis er zu einer Wüste kam, wo mehrere Vampire, darunter auch seine Herrin, miteinander kämpften. Bei den Vampiren ist es so, dass nicht nur ihre Seelen herumschweifen, sondern auch ihre Körper. Die Salbe aber, mit der sie sich einreiben, besteht aus dem Fett von Schlangen, Igeln und Dachsen.

Das Motiv des Kampfes ist untypisch für Hexengeschichten, bei anderen Vampirmärchen hingegen ist auffallend, wie grausam diese geschildert werden. Alltägliche Dinge, wie das Zusammentreffen von Frauen in Spinnstuben werden mit sehr abenteuerlichen Begebenheiten verknüpft, die irgendwie ohne Hand und Fuß zu sein scheinen – oder wenigstens für uns Hiesige und Heutige nicht recht nachvollziehbar sind. Als Beispiel mag die folgende, ebenfalls aus Rumänien überlieferte Erzählung dienen:

Es gab eine Zeit, da waren Vampire so zahlreich wie das Gras auf einer Wiese oder wie Beeren in einem Eimer, und sie blieben nicht ruhig an einem Ort, sondern trieben sich nachts unter den Menschen herum. Sie besuchten die Orte, wo sich vor allem junge Menschen trafen, damit sie Furcht verbreiten und Blut trinken konnten.

Einmal erschien anlässlich eines Spinnabends, bei dem die Mädchen zusammensaßen und während der Arbeit miteinander schwätzten, ein ungeladener Gast, ein Vampir. Niemand wusste allerdings, um wen es sich handelte, denn er hatte die Gestalt eines gutaussehenden, fröhlichen jungen Mannes angenommen.

»Guten Abend«, sagte er sehr höflich, setzte sich zu den Mädchen und fing an, mit ihnen zu plaudern. Sie aber dachten, er wäre aus einem Nachbardorf, und scherzten und alberten mit ihm herum. Einer von ihnen schenkte er besondere Aufmerksamkeit und trieb seinen Schabernack vor allem mit ihr, bis sie irgendwann ernst sagte:

»Freund, du gehst ein wenig zu weit!«

In dem Augenblick fiel ihr der Spinnrocken aus der Hand, und sie bückte sich, um ihn aufzuheben. Da sah sie zufällig, dass der junge Mann einen Vampirschwanz hatte. Sie tat, als ob sie nichts bemerkt hätte, und flüsterte nur, als sie sich unbeobachtet fühlte, ihrer Nachbarin zu:

»Der Fremde ist ein Vampir, wir müssen sofort weglaufen!«

Die Freundin aber war gerade derart am Lachen, dass sie nicht hinhörte, und so stand das Mädchen unter dem Vorwand, ein Stück Leinen auf den Dachboden bringen zu müssen, auf und verließ fluchtartig das Haus.

Ihre Freundinnen warteten, dass sie zurückkäme, und fingen schließlich an, sich Sorgen zu machen. Der Vampir fuhr die Mädchen an, sie sollten gefälligst ihre Freundin suchen, und als sie sie nicht finden konnten, tötete er sie alle und trank ihr Blut.

Dann zerstückelte er ihre Körper, schnitt ihnen die Lippen ab, hackte ihnen die Köpfe ab und stellte sie nebeneinander ins Fenster, dass es so aussah, als ob sie lachten. Ihre Eingeweide wickelte er um einen langen Nagel. Er sagte dabei zu sich selbst, das seien Perlenschnüre, und machte sich anschließend auf die Suche nach dem einen Mädchen, das geflohen war. Endlich fand er sie in einem einsamen Haus im Wald, in das sie sich geflüchtet hatte. Freundlich fragte er:

»Aber, kleines Mädchen, warum bist du denn weggelaufen? Komm doch mit zu mir, da wird es dir gleich viel besser gehen.«

Da ging das Mädchen, das sich nicht anders zu helfen wusste, mit ihm tief in den Wald hinein. Bei einem Loch im Boden blieb der Vampir stehen und erklärte ihr: »Hier wohne ich.«

Das Mädchen erschrak.

»Geh du zuerst hinein«, sagte sie, und sobald er drin war, stopfte sie das Stück Leinen, das sie bei ihrer Flucht mitgenommen hatte, in den Eingang und rannte um ihr Leben. Sie kam zu einem kleinen Haus, ging hinein und fand einen leblosen Mann mit gekreuzten Armen auf einem Tisch liegen. Vollkommen erschöpft legte sie sich neben dem noch warmen Ofen auf eine Bank und schlief ein. Inzwischen aber hatte der Vampir sie aufgespürt und war ins Haus eingedrungen. Da erhob sich der Tote, der ebenfalls ein Vampir war, von dem Tisch und begann mit ihm zu kämpfen, so lange, bis der Hahn krähte und die Sonne aufging.

Da verschwanden beide, und das Mädchen konnte ungehindert nach Hause laufen.

Als sie aber dort ankam und anfing, von all ihren seltsamen Erlebnissen zu berichten, starrten ihre Eltern sie voller Entsetzen an und schlugen das Kreuz vor der Brust. Da versank das Mädchen immer tiefer und tiefer im Erdboden. Es war, vom Vampir und dem seltsamen Haus im Wald zu sehr bezaubert, selbst zu einem Vampir geworden!

Oft spielt ein Garnknäuel – oder wie im obigen Märchen ein Stück Stoff – eine zentrale Rolle, wenn es darum geht, den Vampir zu bannen oder doch wenigstens aufzuhalten. Manchmal entdeckt das Mädchen das wahre Wesen ihres seltsamen Liebhabers, indem es in seinen Kleidern eine Rolle Garn versteckt, wodurch es ihn später aufspüren kann. Denn meist kennt niemand den jungen Mann, der oft eine körperliche Abnormität aufweist, wie einen Hahnen- oder Pferdefuß, und stets vor Morgengrauen wieder verschwindet. Der ausgerollten Schnur folgt sie dann einfach, um herauszufinden, wo ihr Freund haust, und entdeckt ihn schließlich zusammengekauert in einer Erdgrube oder auf dem Friedhof, woraufhin sie natürlich sehr erschrickt und versucht, ihn loszuwerden.

Dieses Motiv findet sich auch bei Geschichten, in denen der unheimliche Geliebte nicht ein Vampir, sondern ein Zwerg oder ein anderes eher böses Geistwesen ist. Aber hier geht die jeweilige Geschichte selten so übel weiter wie bei den Vampiren: denn der Untote tötet nach seiner Entlarvung die Eltern des Mädchens und – nachdem er es zuvor wiederholt gefragt hat, was genau es gesehen habe – auch das Mädchen selbst.

Das Mädchen leugnet stets konsequent, überhaupt etwas beobachtet zu haben, und trifft sehr umsichtig Vorkehrungen für den Fall ihres Todes, damit sie später wieder zum Leben erweckt werden kann. So befiehlt das Mädchen Riza in einer solchen Geschichte ihren Dienern: »Es falle auf euch der Fluch, wenn ihr mich nicht im Walde bei dem bestimmten Apfelbaum begrabt.« Diesen Baum beschreibt sie ihnen anschließend genau.

Nach ihrem Tod verwandelt sich Riza nachts in eine Blume, die natürlich wunderbar schön ist und schließlich von einem Prinzen entdeckt und gepflückt wird. Die beiden heiraten irgendwann, aber der böse Vampir bekommt das alles mit, erscheint eines Tages wieder und fragt wie zuvor:

»Riza, was hast du bei mir gesehen?« Und wieder antwortet sie: »Nichts!« Woraufhin er prompt das Kind der beiden umbringt. Doch als er dasselbe Schicksal auch dem Ehemann androht, sagt Riza: »Das geschieht nicht, dass du meinen Herrn tötest! Gebe Gott, dass du gleich verrecktest!«

Als der Vampir das hört, zerbirst er vor Wut und stirbt. Da bittet Riza ihren Schwiegervater, dem toten Vampir sofort das Herz herauszuschneiden und ihr zu geben.

»Sie aber ging zum Grabe ihres Kindes und erweckte das Kind. Sie legte das Herz auf das Grab hin, und das Kind stand auf. Dann begab sich Riza zu ihrem Vater und zu ihrer Mutter und rieb sie mit jenem Blute ein, und siehe da, sie erhoben sich. Als Riza das sah, erzählte sie alles, was ihr widerfahren, und was ihr durch die Hand des Vampirs geschehen war.«

Eine weitere Vampirgeschichte, die es in verschiedenen Varianten gibt, die sich aber ähnlich in Bezug auf andere unheimliche Wesen findet, erzählt von einem vorgeblich heiratswilligen Vampir, der zu einer Familie mit drei Töchtern geht. Um die eine freit er, und die anderen verspricht er ebenfalls unter die Haube zu bringen. Als die Verlobte ihm zu seinem Haus folgt, sieht sie, dass es sich um eine Höhle auf dem Friedhof handelt. Drinnen hängt von der Decke herab an Haken blutiges Menschenfleisch. Das Mädchen weigert sich, davon zu essen, woraufhin sie umgebracht und ihr Fleisch auch auf Haken gehängt wird. Das Gleiche geschieht mit der zweiten Tochter. Die dritte aber fleht, anstatt zu weinen und zu klagen, Gott an, sie zu erretten – und wird erhört.

Die christliche Note dieser Geschichte ist unübersehbar, denn in anderen vergleichbaren Märchen erreicht das Mädchen seine Befreiung vielmehr aufgrund ihres raschen Verstandes.

Ein gänzlich andersgeartetes Märchen, in dem ein Vampir eine

Rolle spielt, ist von den Zigeunern überliefert. Es ist weit weniger gruselig und blutrünstig als die eben nacherzählten, doch gibt es auch hier kein richtiges Happy End.

Ein Mann und eine Frau hatten zwei Kinder, einen Sohn und eine Tochter. Als sie starben, wanderten die beiden Waisen in der Welt herum und ließen sich schließlich in einem Wald in einer Hütte nieder. Hier wohnten sie glücklich und zufrieden drei Jahre. Dann aber benötigten sie verschiedene Dinge für ihren kleinen Haushalt, und so machte sich der Junge mit den Fellen erlegter Tiere auf den Weg, um eine Stadt zu suchen, in der er sie verkaufen könnte. Er streute dabei eine Aschespur, damit er auch ja den Rückweg finden würde. Er hatte Glück, verdiente mit seinen Fellen viel Geld und kehrte mit Waren beladen zu seiner Schwester zurück.

Da er stets reiche Beute machte, ging er von nun an regelmäßig in die Stadt, und schließlich wurde der König auf ihn aufmerksam. Er schickte dem Jungen einen Diener hinterher, der erkunden sollte, woher er die schönen Felle nähme. So fand er heraus, dass der Jäger mit seiner schönen Schwester allein im Wald wohnte, und da er noch nicht verheiratet war, ließ er das Mädchen erst bitten, zu ihm zu kommen, und dann, als sie sich weigerte, sie mit Gewalt zu sich aufs Schloss bringen. Er bestürmte sie mit Anträgen, doch sie wies ihn immer wieder zurück. Schließlich riet ihm einer seiner Höflinge, den Bruder ermorden zu lassen, dann würde sich die Schwester vielleicht in ihr Schicksal ergeben und ihn heiraten.

Der verzweifelte König willigte schließlich in den Plan ein. Bevor er allerdings durchgeführt werden konnte, erschien eines Tages ein Vampir in der Hütte des Bruders und sagte:

»Du wunderst dich wohl, dass ich dich am Tag und nicht, wie ich es bei anderen Menschen zu tun pflege, bei Nacht aufsuche! Nun, alles hat seinen guten Grund.«

Er sei, so sagte er weiter, gerade im Schloss bei seiner Schwester gewesen. Ein prachtvolles Mädchen sei das ja, aber er könne ihr leider leider nichts tun, da sie ein Kreuz um den Hals trage. Er wolle ihm nun helfen, sie aus der Hand des Königs zu befreien, wenn er ihm dafür eine einzige Nacht mit dem Mädchen zusichere. Der Bruder stimmte zu, um zunächst einmal seine Schwester zu retten. Der Vampir erklärte ihm darauf, er solle den König zu einem Zweikampf herausfordern. Zuvor müsse er ihm aber als Bedingung stellen, im Falle eines Sieges frei über ihn verfügen zu dürfen – und umgekehrt.

Der König, der ein großer Krieger und daher sicher war, er würde gewinnen, ging auf den Voschlag ein – und sie begannen miteinander zu ringen. Der Vampir hatte sein Lebenstuch übergezogen – das ist die Nachgeburt der Mutter, die Vampire zu einem Mantel ausdehnen und sich darin einhüllen können. Dadurch werden sie unsichtbar. Und so konnte er unbemerkt in den Kampf eingreifen, rammte den König in den Boden und verschaffte dem Jungen den Sieg.

Da der Herrscher ein gerechter Mann war, hielt er sein Wort, und der Junge bat seine Schwester zu entscheiden, was mit dem König geschehen solle. Sie sagte nach kurzem Nachdenken, er habe ihr kein Leid getan, und schließlich könne er nichts für seine Liebe. Sie sei es zufrieden, wenn sie einfach wieder nach Hause zurückkehren könnten. Da flehte der König sie aber so inständig an, ihn doch bitte bitte zu heiraten, ihr Bruder könne auch gern bei ihnen leben, dass sie schließlich einwilligte.

So war also alles bestens geregelt – bis auf die Sache mit dem Vampir, die dem Bruder jetzt siedend heiß auf die Seele fiel. Als Schwester und König sahen, dass etwas nicht stimmte, bestürmten sie ihn so lange, bis er ihnen erzählte, was passiert war. Dabei hielt er ein Kruzifix in der Hand, um sicherzugehen, dass der Vampir sich nicht in der Nähe aufhalten konnte.

Während die Schwester nun anfing zu weinen und zu klagen, blieb der König ruhig und sagte: »Habt keine Angst. Ich weiß von meiner Mutter, wie man sich gegen diese Wesen zur Wehr setzt. Wir werden ihn schon willkommen heißen! Bis heute Abend aber lasst uns feiern und glücklich sein.«

Als am späten Abend der Vampir den Jungen an sein Versprechen erinnerte, forderte ihn dieser auf, zum Schlafzimmer der Schwester zu gehen. Sie warte dort schon auf ihn. Der König hatte ihr inzwischen Weihwasser zu trinken gegeben, damit der Vampir beim ersten Kuss betäubt würde. Außerdem hatte er unter das Bett Knoblauch und andere Pflanzen gestreut, die Vampire nicht ausstehen können, um ihm seine Kraft und seine Unsichtbarkeit zu rauben.

Alles geschah, wie geplant. Innerhalb einer Sekunde nach dem ersten Kuss lag der Vampir in seinem Lebenstuch am Boden, der König nahm es und verbrannte es. In diesem Augenblick, als das Tuch in Rauch aufging, war der Vampir erlöst und zog ins Jenseits ein.

Dennoch aber war das Glück nicht von Dauer, denn der Unhold hatte als Vermächtnis eine kleine Blutlache im Zimmer zurückgelassen. Der böse Ratgeber des Königs, der den Bruder hatte töten lassen wollen, riet dem Jungen immer wieder, doch ein wenig davon zu trinken, weil er dann weise und stark und vielleicht selbst einmal König werden würde. Schließlich hörte der Bruder des Mädchens auf ihn, leckte das Blut auf und wurde dadurch selbst böse und gewissenlos. Zusammen mit dem Höfling brachte er den König um, stürzte sich dann aber aus Reue von einem Turm in die Tiefe. Der Höfling erhielt seine gerechte Strafe, die Königin jedoch regierte mild und in Gottesfurcht bis an ihr seliges Ende.

So hatte sich der betrogene Vampir an dem Wortbrüchigen gerächt.

Über die verschiedensten Geistwesen – Gespenster, weiße Frauen, Geisterhunde – gibt es bei uns zu Lande volkstümliche Märchen, Sagen und Augenzeugenberichte. Sehr, sehr selten allerdings stößt man auf den Vampir. Nach dem, was wir inzwischen wissen, war das Wort zu der Zeit, als die meisten dieser Geschichten zu Papier gebracht wurden, schlicht noch nicht volkstümlich und wurde daher auch nicht auf Wesen angewendet, die wir heutzutage so bezeichnen würden. Bevor wir uns also auf die Suche nach »einheimischen« Unholden machen, auf die das Label »Vampir« passen könnte, sollten wir überprüfen, wie der Vampir nun genau definiert wird.

Was also ist ein Vampir?

achen wir einmal einen langen Arm, wie Watson in einer Vampirgeschichte von Sir Arthur Conan Doyle, und schauen uns an, »was es unter V zu lesen gibt« oder konkreter: wie ein bekanntes deutsches Konversationslexikon, nämlich *Meyers*, den Vampir beschreibt:

»Verstorbener, der nachts unverwest dem Grab entsteigt, um Lebenden das Blut auszusaugen. Die auf dem Glauben vom lebenden Leichnam basierende Vampirvorstellung entstammt dem südslawischen, rumänischen und griechischen Volksglauben vom Wiedergänger; in Deutschland, hier um 1720 zuerst belegt, sprachliche Variante zu Blutsauger oder Nachzehrer.«

Johan Heinrich Zophius definierte bereits im Jahr 1733 in seiner auf Latein geschriebenen und in Halle erschienenen Dissertation (*Dissertatio de vampiris serviensibus*) den serbischen Vampir sinngemäß wie folgt:

Sie steigen des Nachts aus ihren Gräbern, attackieren friedlich in ihren Betten schlafende Menschen, saugen alles Blut aus ihren Körpern und vernichten sie so.

Diese Erwähnung bei Zophius ist einer der ersten Belege dieses Wortes in Deutschland.

Das große Lexikon des 18. Jahrhunderts, *Zedlers Universal-Lexicon* (1732–54), bringt einen sehr langen Artikel über den Vampir (oder »Vampyr«), wobei er diesen in der ersten Zeile alternativ als »Blutsauger« bezeichnet. Die Kurzdefinition gleicht der obigen, nur »spazieren« hier »tote menschliche Körper« aus den Gräbern hervor.

Ein französisches Lexikon aus dem 18. Jahrhundert führt unter dem Eintrag »Vampir« zunächst einmal die bereits erwähnte (russische) Wortvariante Upir an und erklärt weiter, Vampire seien

eine Art Wiedergänger, die in Ungarn, Moravien und Böhmen etc. leben. Es handele sich um seit mehreren Jahren oder wenigstens seit einigen Monaten Verstorbene, die wiedererscheinen, sichtbar sind, gehen, sprechen, Lebenden Blut aussaugen und sich dadurch selbst vollsaugen wie die Blutegel, bis sie das Blut buchstäblich wieder ausschwitzen.

Weiterhin heißt es, man unterscheide zwei Arten von Vampiren: die aktiven und die passiven. Die Ersten sind die Toten, die wiederkehren, um Blut zu saugen. Die Zweiten, so könnte man es im Zeitalter von Aids ausdrücken, sind die »infizierten« Lebenden, die nach ihrem Tod dann zu aktiven Vampiren werden.

Dass diese alten Definitionen im Wesentlichen noch immer ihre Gültigkeit besitzen, zeigt neben vielen neueren fast identischen Aussagen auch die Definition des Vampirs bei Peter Mario Kreuter, der 2001 eine ausführliche wissenschaftliche Monografie über den Vampirglauben in Südosteuropa, also den »alten« Vampir, schrieb. Er sagt:

»Der Vampir ist ein wiederkehrender Toter, der sein Grab verlässt, um Lebenden Blut auszusaugen, das Vieh zu ruinieren oder anderen Schaden zuzufügen. Er ist somit kein dämonisches Wesen, kein Geist und auch kein Mensch, sondern ein wandelnder Leichnam.«

Ergänzend sollte hinzugefügt werden, dass die Ernährung des Vampirs physischer oder »emotionaler« Natur sein kann. Der Vampir ist damit ein Spezialfall des Wiedergängers, von dem noch die Rede sein wird.

Zur Illustrierung wollen wir eine Begebenheit aus Ungarn referieren, die Zedler in sein Lexikon einfließen ließ und die häufig mit unterschiedlicher Schreibweise der Namen und diversen Ausschmückungen auch in späterer Zeit referiert wurde.

Im Jahr 1732 munkelte man, in einem serbischen Dorf seien einige Menschen daran gestorben, dass ihnen Vampire das Blut ausgesaugt hätten. Daraufhin wurde eine offizielle Untersuchung durchgeführt und die Einwohner des betreffenden Dorfes dazu vernommen. Sie erzählten, etwa fünf Jahre zuvor sei ein Viehtreiber, ein Mann namens Arnold Paole gestorben, nachdem er von einem Heuwagen gefallen war. Er hatte zuvor immer wieder erzählt, dass er ständig von einem Vampir gequält werde. Schließlich habe er, um sich gegen ihn zur Wehr zu setzen und ihn loszuwerden, von der Erde seines Grabes gegessen und sich mit dessen Blut eingeschmiert.

Bereits etwa 20 Tage nach dem Tod dieses Mannes begannen nach und nach Dorfbewohner darüber zu klagen, dass sie von Arnold Paole heimgesucht würden, und schließlich wurden ihren Angaben zufolge vier Personen von ihm umgebracht. So hätten sie schließlich sein Grab geöffnet und erwartungsgemäß die Leiche völlig unverwest vorgefunden. Frisches Blut sei ihm aus Augen, Nase, Ohren und Mund herausgeflossen. Sein Hemd und Übertuch seien ganz blutig gewesen, die Finger- und Fußnägel seien abgefallen, dafür aber neue gewachsen. Sie schlugen ihm einen Pfahl durch das Herz, wobei ein deutliches Stöhnen zu hören war, und verbrannten die Leiche zu Asche. Da sie wussten, dass die von ihm Gebissenen gleichfalls zu Vampiren würden, verfuhren sie mit den vier anderen Leichen auf die gleiche Weise.

Allerdings hatten sie nicht bedacht, dass Vampire sich nicht immer nur mit Menschenblut begnügen, sondern auch Tiere anfallen können. Da sie in der Zwischenzeit schon einiges Vieh geschlachtet und gegessen hatten, gab es also neue Infizierte unter ihnen. Innerhalb der nächsten drei Monate starben 17 weitere Personen, junge und alte, wobei einige keinerlei Krankheitssymptome gezeigt hatten und innerhalb von zwei oder drei Tagen tot waren. Einer der Dorfbewohner erzählte, dass sich seine Schwiegertochter zwei Wochen zuvor frisch und gesund des Nachts ins Bett gelegt hätte. Um Mitternacht aber sei sie völlig entsetzt und vor Angst zitternd aufgewacht und habe erzählt, dass einer der Söhne des verstorbenen Arnold Paole sie aufgesucht und am Hals gewürgt habe. Von da an hatte sie Schmerzen in der Brust, es ging ihr rapid schlechter, und am dritten Tag nach diesem Vorfall war sie tot.

Nun wurden unter behördlicher Aufsicht die Gräber all derjenigen geöffnet, von denen man annahm, sie seien selbst zu Vampiren geworden. Bei etlichen von ihnen sahen die Leichen so aus, als ob sie gerade erst gestorben seien. Ja, bei einem zu Lebzeiten sehr mageren Weiblein war auffallend, wie rund und rosig oder »fett und vollkommen«, wie es wörtlich heißt, sie jetzt aussah. Sie war angeblich diejenige, die das Vampirunwesen im Dorf ursprünglich weiter verbreitet hatte, weil sie Fleisch von einem »infizierten« Schaf gegessen hatte.

Manche Leichen allerdings waren ganz normal verwest, auch wenn sie in der Nähe von Vampirgräbern in der Erde gelegen hatten. Die Leiche der toten Schwiegertochter aber war noch ganz frisch, das Gesicht war rot und »lebhaft«. Als der Sarg geöffnet wurde, floß der Frau viel Blut aus der Nase, und als man sie aufschnitt, auch aus dem Herzen und dem Bauch. Ihre Eingeweide waren völlig unverwest. Sie hatte außerdem ihren Angaben entsprechend Würgemale am Hals, und unterhalb des rechten Ohres fand man einen blauen blutunterlaufenen Fleck, der etwa einen Finger lang war.

Nachdem alle mutmaßlichen Vampire unschädlich gemacht worden waren, hörten die seltsamen Todesfälle auf.

Zedler macht im weiteren Verlauf seines Berichts kein Hehl aus seiner Überzeugung, dass es sich bei all dem um dummen Aberglauben handle, und stellt die Vermutung auf, dass alle Menschen an einer ansteckenden Krankheit oder Seuche gestorben seien und sich die genannten Phänomene rational erklären ließen. Und er endet mit dem weisen Satz: »Diese Meinung ist die sicherste und beste. Denn wenn man von einer Begebenheit natürliche Ursachen angeben kann, muss man dabei bleiben, und nicht die Geister oder verborgene Eigenschaften mit ins Spiel mengen.«

Als Kuriosum sei hier noch ergänzt, was der Banater Wundarzt und Regimentschirurg Georg Tallar im Jahr 1760 als Erklärung für das Vampirphänomen parat hatte: Er war der Ansicht, es sei darauf zurückzuführen, dass sich die Rumänen in Siebenbürgen grundsätzlich falsch ernährten, nämlich viel zu viele Zwiebeln, Knoblauch, Rettiche, Kürbisse und Kohl äßen, was alles höchst ungesund sei. Hinzu kämen ihre maßlose Trinkerei und das Fasten! Es liegt doch nahe, dass von da der Schritt zu den Vampiren nicht mehr weit ist – oder?

Wie dem auch sei, fest steht jedenfalls, dass weltweit Menschen an Wesen glauben, die ihnen auf irgendeine Weise die Lebenskraft rauben. Und es ist doch sehr die Frage, ob sie wirklich alle »erklärt« und damit wegrationalisiert werden können. Aber das ist zum Glück nicht unser Problem.

Womit wir uns allerdings auseinandersetzen müssen, ist, ob einige dieser Wesen, die immer wieder in einem Atemzug mit dem Vampir genannt werden, wirklich mit ihm identifiziert werden können. In sehr vielen Fällen ist das schlicht und einfach nicht der Fall. Im Internet kursieren Listen von angeblichen Vampiren auf der ganzen Welt, von denen viele mit den »alten Vampiren« nur das Bluttrinken gemein haben. Wieder andere, die den Vampiren dem Wesen nach vielleicht ähneln, fressen Leichen – was man von den Vampiren nicht behaupten kann. Und wieder andere haben mit Vampiren rein gar nichts zu tun, wie ein einziges Beispiel aus dem uns als Indologen am besten bekannten indischen Kulturraum illustrieren mag:

»Gandharva, auch Gandarwa oder Gandarva genannt, ist ein blutgieriger indischer Geist und/oder Halbgott, der Frauen im Schlaf missbraucht und danach aussaugt … Schaut man in die Augen einer solchen Kreatur, stirbt man eines langsamen schleichenden Todes.«

So steht es im Internet in etlichen Vampirglossaren geschrieben.

Tatsächlich aber sind Gandharvas (mitnichten auch »Gandarva« ohne h) halbgöttliche himmlische Wesen, die besonders schön singen können und zum Gefolge des Gottes Indra gehören. *Ziemlich* weit von dem entfernt also, was man mit einem Vampir assoziiert, oder?

Wie manch ein Forscher, darunter zuletzt vor allem Marco Frenschkowski, nachwies, sind entsprechende Beispiele, die der berühmteste aller Vampirologen, Montague Summers, zum Vergleich heranzog, gleichfalls nicht unbedingt stichhaltig. Anders verhält es sich übrigens mit dem Glauben an *Wertiere* – Hunde, Löwen, Leoparden, Bären und selbstverständlich Werwölfe –, den man in der Tat in vielen Gegenden der Welt findet.

An dieser Stelle muss auch auf die zwar sehr einleuchtende, aber oft vergessene Tatsache hingewiesen werden, dass nur dort der Glaube an Vampire heimisch sein kann, wo die Toten seit alter Zeit begraben werden. Wo man Tote verbrennt, kann es keine unverwesten Leichen in Gräbern geben, die nachts auferstehen könnten!

Was schließlich das Bluttrinken angeht, das die alten und neuen Definitionen erwähnen, so muss dies ebenfalls ein wenig relativiert werden. Die »alten« Vampire würgten die Menschen, sie zehrten von ihrer Lebenskraft, aber durchaus nicht immer dadurch, dass sie ihnen im wörtlichen Sinne das Blut aussogen. Übermenschliche Wesen, und zu ihnen zählen wir auch lebende Leichname oder Untote, haben es nicht nötig, derart brachiale Methoden anzuwenden. Sie erreichen ihr Ziel auch auf andere Weise. Was hat es also mit dem Blut auf sich, von dem immer wieder die Rede ist?

Die Magie des Blutes

Vor vielen Jahren ertranken bei Brunnen zwei Männer, indem sie auf der zugefrorenen Hase einbrachen. Die nach langer Zeit aufgefundenen Leichen waren nicht mehr zu erkennen. Da brachte man sie mit der hinterbliebenen Witwe eines der Verunglückten in Berührung. Alsbald floss der einen Leiche warmes rotes Blut aus der Nase und hieran erkannte man die betreffende Leiche als die des Mannes dieser Witwe.

Diese Begebenheit wurde zu Anfang des 19. Jahrhunderts aufgezeichnet. Sie findet sich in einem Buch über den Volksglauben der Region um Oldenburg, und sie ist nicht etwa ein Einzelfall oder Ausdruck der Verrücktheit einer ganz bestimmten, eng umrissenen Gegend. Man wusste beispielsweise auch ganz allgemein, dass einige Blutstropfen, die aus der Nase des Angehörigen eines Kranken fallen, dessen Tod vorhersagen.

In Bosnien wurde die Blutprobe auch bei Mord angewandt: Die möglichen Verdächtigen wurden einzeln zur Leiche des Ermordeten geführt, weil man sicher war, dass dem Toten augenblicklich Blut aus der Wunde, der Nase oder dem Mund quellen würde, wenn der Mörder vor ihm stand.

Auch war es (lange vor Erfindung des DNA-Tests) mancherorts Brauch, zu untersuchen, ob es sich bei einem Toten um den leiblichen Vater eines bestimmten Kindes handelte. Man holte einen seiner Knochen aus dem Grab und tröpfelte ein wenig Blut des Kindes darauf. Saugte der Knochen das Blut auf, war eindeutig erwiesen, dass der Tote der leibliche Vater war. Wenn nicht, dann nicht.

Blut ist mithin nicht nur das, was uns alle am Leben hält, sondern weit, weit mehr. Auf der ganzen Welt verbreitet ist die An-

sicht, es sei Sitz und Essenz des Lebens und enthalte die ganze
Lebenskraft. Nicht umsonst trinken viele Jäger noch heute – und
wenigstens bis vor gar nicht langer Zeit auch bei uns zu Lande
(so etwa in der Steiermark) – vom Blut der von ihnen erlegten
Tiere. Vielleicht hat der Brauch, Blut in Form von Blutwurst zu
sich zu nehmen, ähnliche Wurzeln. Die Massai sind dafür bekannt, dass sie sich traditionell weitgehend von mit Milch ver-

mischtem Rinderblut ernähren. Davon abgesehen, dass es ihnen rein physisch Kraft gibt, sind sicher noch andere Gründe hinter diesem Brauch zu suchen. So soll die seelische Kraft des Tieres in sie übergehen. Ochsenblut, mit Wein und Honig vermischt, war ein altgermanischer Krafttrunk. Wie allgemein gebräuchlich das Bluttrinken war, wird daran deutlich, dass es in der Bibel und im Koran ausdrücklich verboten wird.

Die magische Komponente des Blutes erhellt besonders aus seiner Verwendung bei Liebeszaubern – die früher gang und gäbe waren. Besonders magisch ist dabei das Menstruationsblut. Drei Tropfen davon in ein Getränk desjenigen getan, den man bezirzen möchte, und voilà: Es ist um ihn geschehen. Menstruationsblut ist ja das intimste Blut – zumindest der Frau und damit das wirkmächtigste. Doch anderes Blut tut es auch: In verschiedenen Teilen Deutschlands kannte und übte man den Brauch, sich an Silvester, in der letzten Stunde vor Neujahr, in den kleinen Finger zu schneiden und drei Tropfen Blut in das Getränk des oder der Liebsten fallen zu lassen, sei es, um seine/ihre Zuneigung erst zu gewinnen oder ihn/sie vor Untreue im neuen Jahr zu bewahren. Diese Vorstellungen waren so weit verbreitet und geläufig, dass sie in Bußverordnungen des Mittelalters Eingang fanden. So heißt es etwa in einer von ihnen: »Wer sein Blut um der Liebe wegen einen Mann oder eine Frau trinken macht, soll drei Jahre büßen.«

Das Trinken des Blutes eines anderen Menschen bewirkt also nach weltweit verbreitetem Glauben, dass man mit dieser anderen Person künftig auf magische Weise und untrennbar verknüpft ist. Blutsbrüderschaft beruht auf dieser Überzeugung. Sie geht so weit, dass der entfernt vom anderen weilende Blutsbruder unweigerlich spürt, wenn dem anderen etwas zustößt. Dem Blut

wird damit ein eigenes Wesen, ein eigenes Leben zugesprochen, und zwar gerade auch nach dem Tod eines Menschen. Dessen Seele bleibt darin lebendig erhalten, und zwar bei Ermordeten so lange, bis die Tat gesühnt ist. »Vergossenes Blut«, heißt es schon in der Bibel, »schreit nach Rache.« Dies wurde und wird mancherorts heute noch im Volksglauben durchaus wörtlich verstanden. Dort, wo Unschuldige umgebracht wurden, lassen sich Blutflecken nicht mehr tilgen, so lange, bis der Mörder seine gerechte Strafe erhält. Solches wurde beispielsweise von Graf Andreas von Sonnenberg aus dem österreichischen Vorarlberg erzählt, der im Jahr 1511 ermordet worden war.

Diesen volkstümlichen Aberglauben hat bekanntlich Oscar Wilde in seiner Novelle *Das Gespenst von Canterville* aufgegriffen. Als der amerikanische Gesandte Hiram B. Otis mit Frau und drei Kindern Schloss Canterville in England kauft, wird er vor Vertragsabschluss darauf hingewiesen, dass es im Hause spuke. Der Amerikaner erklärt seelenruhig, er komme aus einem fortschrittlichen Land und – pah! – Gespenster gebe es gar nicht! Im Wohnzimmer sehen die Otis' dann einen mattroten Flecken auf dem Fußboden, und als sie sich darüber auslassen, werden sie von der Haushälterin informiert: »Es ist das Blut der Lady Eleanore de Canterville, die im Jahr 1575 genau an dieser Stelle von ihrem eigenen Gemahl, Sir Simon de Canterville, ermordet wurde.« Und sie ergänzt, dass sich der Fleck durch nichts entfernen lasse.

Die unerschrockenen Amerikaner reiben ihn sofort mit Pinkertons Universal-Fleckentferner weg, aber am nächsten Tag ist er wieder da. Was hier in der Folge ins Komische gezogen wird – das Gespenst muss derart oft den Flecken übermalen, dass ihm allmählich die Farbe ausgeht und er auf den Wasserfarbenkasten eines der Kinder zurückgreifen muss –, hielt man früher für bittere Wahrheit, und tut es sicher mancherorts noch immer. Auf einem Schiff aus Neuschottland ermordete um 1870 die Besatzung den Kapitän samt seiner Familie. Die Blutflecken von diesem Massenmord versuchte man später abzuhobeln – aber immer, wenn man dachte, nun seien sie endlich verschwunden, erschienen sie wieder.

Jeder weiß aus verschiedenen Märchen, dass ein Pakt mit dem Teufel nur durch Blut besiegelt und auch geschrieben wird. Damit hat man für alle Zeit seine Seele verkauft. Weniger bekannt ist vielleicht, dass das Blut von Menschen, die der Teufel holt, nicht mehr entfernt werden kann. Eine Sage aus Luzern etwa berichtet, einige Blutstropfen eines Mannes, mit dem der Teufel durch die Luft davonfuhr, seien an den Fensterscheiben hängen geblieben – und niemandem sei es anschließend gelungen, sie wieder abzuwaschen.

Das Blut findet also so lange keine Ruhe, bleibt so lange als Mahnmal für alle sichtbar, bis derjenige, von dem es stammte und der eines gewaltsamen Todes starb, gerächt ist. Dementsprechend soll sich das Blut manch eines unschuldig Hingerichteten in Milch verwandelt haben. So geht die Sage von der heiligen Katharina von Alexandrien, aus deren Hals nach ihrer Enthauptung statt Blut Milch geflossen sein soll.

Eng mit dem Glauben an die »Seele« des Blutes, die fortlebt, selbst wenn der dazugehörige Mensch längst gestorben ist, hängen auch die sogenannten Blutwunder zusammen. Sehr bekannt und alljährlicher Anlass eines großen Festes und Volksauflaufes ist das Blutwunder des heiligen Januarius (San Gennaro) im Dom zu Neapel.

Der heilige Gennaro war Bischof von Benevent und wurde um das Jahr 305 auf Geheiß Kaiser Diokletians enthauptet. Eine Frau soll bei der Hinrichtung etwas von dem hervorspritzenden Blut aufgefangen und aufbewahrt haben. Später wurde diese Ampulle zusammen mit den Gebeinen von Gennaro nach Neapel gebracht, und dabei soll sich das Wunder zum ersten Mal ereignet haben: Das geronnene Blut verflüssigte sich! Immer wieder wurde seitdem davon berichtet. Bei dem am 19. September abgehaltenen Fest beten Frauen vor der Ampulle, bis sich das Blut verflüssigt, was allgemein für ein gutes Zeichen angesehen wird. Bleibt das Wunder aus, schließt man auf Unglück für Neapel oder seine Bewohner. So soll es vor dem großen Erdbeben im Jahr 2000 ausgeblieben sein.

Dass bei Hinrichtungen das Blut der Opfer aufgefangen wurde, war übrigens nichts Ungewöhnliches. Bei uns zu Lande war es bis ins 19. Jahrhundert üblich, dass sich Kranke, und zwar vor allem solche, die an Epilepsie litten, ein wenig Blut bei einer öffentlichen Hinrichtung sicherten, um es anschließend zu trinken. Ein Augenzeuge erzählt:

Ich war Schüler des berühmten Professor Herrmann in Göttingen. Auf seine Veranlassung wohnte ich Anfang Januar 1859 der öffentlichen Hinrichtung einer Giftmischerin bei Göttingen bei. Dieselbe erfolgte mittels Schwertes. Als der Kopf vom Rumpf getrennt war und die Blutfontäne wohl anderthalb Fuß emporsprang, durchbrach das Volk das von Hannover'schen Schützen gebildete Karree, stürzte auf das Schafott und setzte sich in den Besitz des Blutes der Hingerichteten, es auffangend und weiße Tücher darin eintauchend. Es war geradezu ein grauenvoller Eindruck. Auf meine entsetzte Frage wurde mir geantwortet, dass dieses Blut zur Heilung der Fallsucht verwendet werde.

Drei Schlucke mussten Kranke unter Anrufung der drei höchsten Namen noch warm trinken, und zuweilen wurde ihnen dies sogar auf Ansuchen von Arzt oder Obrigkeit genehmigt. Im Anschluss daran sollten sie möglichst schnell rennen. So berichten Augenzeugen aus dem Jahr 1823, wie kranke Kinder mit Peitschenhieben über ein Feld getrieben wurden, nachdem sie vom Blut eines Hingerichteten getrunken hatten.

Aber auch Bäcker und Brauer benutzten solches Blut, indem sie die damit getränkten Lappen in ihren Teig oder ihre Fässer tauchten. Damit zogen sie eine große Menge Kunden an ... Lecker!

Überhaupt war Blut ein beliebtes Heilmittel bei den unterschiedlichsten Krankheiten, und selbst Warzen sollte man – mit dem Blut eines anderen – bestreichen.

Wie man sieht, sind der Magie des Blutes keine Grenzen gesetzt. Es ist eine Substanz, die weit mehr vermag, als einen Körper in Funktion zu halten. Man denke nur an das Blut Christi, das man symbolisch (bzw. als katholischer Geistlicher nominal) trinkt.

Diese ganzen Ausführungen sollen nun aber nicht darüber hinwegtäuschen, dass Bluttrinken gar kein charakteristisches Merkmal des »alten« Vampirs war – wenigstens nach den Untersuchungen vieler Forscher. So erklärt Kreuter sogar kategorisch, dass Blutsaugen im Volksglauben nicht vorkomme. Vielmehr tötete der Vampir seine Opfer durch Würgen oder wie auch immer geartetes Auszehren.

Hier fand vermutlich im Laufe der Jahrhunderte währenden Auseinandersetzungen mit diesem Thema eine Übertragung des natürlich richtigen Gedankens statt, dass Blut der Träger der Lebenskraft ist. Denn wenn der Vampir diese Lebenskraft, diese Energie fortnimmt, sie absaugt, muss er – zumindest nach der Logik einfacher Menschen – konkret Blut trinken.

Und, von Bram Stoker aufgegriffen, wurde das Bluttrinken in der Folge elementarer Bestandteil des »zweiten«, des *literarischen* Vampirs, während es bei dem modernen Vampir überwiegend wieder eine untergeordnete Rolle spielt.

Von essenzieller Bedeutung für den alten wie den neuen Vampir ist aber die Dunkelheit, die Nacht.

Die Wesen der Nacht und die Macht der Finsternis

Auf einer Website, auf der jeder seine Assoziationen zu einem bestimmten Stichwort darlegen kann, findet sich zum Thema »Finsternis« folgender Eintrag: »Die Finsternis ist angenehm. In der Finsternis tun sich verbotene und verlockende Dinge. Sie ist ein Schutzmantel, der sich um eine düstere Welt legt. Die Finsternis ist natürlich und kämpft gegen die unnatürliche Düsterkeit. Sie ist fröhlich, in ihr blitzen die blinkenden Sterne wie die Sternchen der Nacht und die Lichter der Großstadt. Die Finsternis ist gut.«

Eine Goth erklärte uns auf die Frage, was sie am Dunkeln, der Schwärze so fasziniere, dass sie stets schwarze Kleider trage und all ihre Möbel dunkel seien: »Das Dunkle strahlt Ruhe aus. Alles Helle verlangt nach irgendeiner Aktivität, ist unruhig. Gleichzeitig vermittelt das Dunkle auch das Gefühl von Geborgenheit und Schutz.«

Hierzu passt natürlich die Formulierung »im Schutz der Dunkelheit«, in dem sich vielerlei besser tun lässt als im grellen Sonnenschein. Dinge, die nicht jeder sehen soll, gleich ob sie gut sind oder böse oder einfach nur sehr privat. In der mit der Finsternis eng verschwisterten Nacht ist alles leiser, die Tagtiere »reden« mit Nachtstimmchen, wenn sie sich überhaupt noch mucksen, und die Geräusche des tätigen umtriebigen Lebens haben nachgelassen. Alles wirkt ruhig und friedlich.

So weit, so gut. Wer sich aber in dieser Finsternis allein im Wald aufhalten würde, fände sie wohl bald nicht mehr so beruhigend und beschützend. Spätestens dann jedenfalls, wenn die ersten Nachttiere, Käuzchen und Marder anfangen zu schreien, wenn

Igel geräuschvoll ihre Balzzeremonien ausführen, Wildschweine grunzend durchs Unterholz brechen oder glühende Augen oder unklares Funkeln in der Luft einem die Haare zu Berge stehen lassen. Wenn sich Wolken vor den Mond schieben, der Nebel steigt und der Weg nicht mehr auszumachen ist und man sich wunderbar leicht verirren kann. Alle diese Faktoren und viele mehr erschrecken und verängstigen den, der sie nicht zuzuordnen weiß oder der es nicht gewohnt ist, sich damit zurechtzufinden. Das aber dürften die meisten von uns sein. Die Finsternis ist den allerwenigsten Heutigen wirklich vertraut – so vertraut, dass sie keine Schrecken mehr birgt. Allen anderen aber ist sie zumindest dann, wenn man direkt mit ihr konfrontiert wird oder wenn man krank allein im Bett die Nachtstunden durchwacht, eine Quelle der Angst.

Die Finsternis ist so sehr mit einer Urangst verknüpft, dass in der Bibel die Finsternis samt dem Tohuwabohu herrschte, bis Gott sie vom Licht schied. Die Nacht, die Finsternis ist also gleichbedeutend mit dem Chaos – mit einer Welt ohne Gesetze, Recht und Ordnung und mit der Wildnis. Passend dazu gilt die Nacht nach einer griechischen Sage als Tochter des Chaos. Jegliches Chaos aber ist gefährlich, und so auch die Finsternis und viele ihrer dunklen Wesen. Hinzu kommt, dass die Dunkelheit, da in ihr die täglichen aktiven Handlungen der Menschen aufhören, auch mit dem Tod, der Schwärze des Grabes in Verbindung gebracht wird, ja geradezu zu ihrem Sinnbild wurde. Weiterhin ist es in der Nacht besonders kalt, was sicher in Urzeiten dazu beitrug, die Finsternis als etwas Böses und Unheilvolles anzusehen.

Die Regeln, die in der Nacht gelten, sind nicht mehr diejenigen der Menschen, sondern die der Wesen, deren wahres Element die Dunkelheit ist. Und der Mensch tut gut daran, sich an sie zu halten, will er nicht Schaden nehmen an Leib oder Seele – oder beidem. Diese Regeln sind natürlich ungeschrieben. Dennoch müsste es aber den, der an eine »Nachtwelt« außerhalb der natürlichen Welt nicht glaubt, zumindest nachdenklich stimmen, wie sehr sich auf der ganzen Welt die Ansichten in Bezug auf die Wesen der Nacht gleichen.

Weltweit sind es vor allem drei Zeitpunkte, die als besonders magisch und daher für alle Arten von Zaubereien geeignet gelten, und zwar deshalb, weil dann die Geister sehr aktiv und auch empfänglich für derartige »Anfragen« vonseiten der Menschen sind: Die Abenddämmerung, die Stunde vor und nach Mitternacht und die Morgendämmerung. Darüber hinaus gelten manche Nächte, wie inzwischen hinreichend bekannt, als den Geistern besonders vorbehalten: die Nächte der Tag- und Nachtgleiche sowie des längsten und des kürzesten Tages. Auch lieben manche Geister besonders die Sturmnächte, in denen sie gleich hordenweise umherschweifen sollen.

Weltweit verbreitet ist der Glaube, dass unheimliche Wesen jeder Art – also nicht nur Geister – sich mit Vorliebe in der Nacht umhertreiben, weswegen man ihnen nachts Opfer darbringt. Auch die Verstorbenen wurden vielerorts nachts verehrt. Ruhelose Tote, also solche, die durch einen Unfall oder Mord ums Leben kamen, gehen nachts um. Gleiches gilt für diejenigen, die ihrerseits ein schweres Unrecht begingen und nun so lange ruhelos umherschweifen müssen, bis irgendjemand die Tat sühnt.

Der erste Hahnenschrei beziehungsweise der erste Sonnenstrahl ist für sehr viele Wesen dieser Art – Tote wie Geister, Vampire, Zwerge und Feen – der späteste Zeitpunkt, um wieder zu verschwinden oder wenigstens auffälliges Treiben wie Tänze und Festgelage einzustellen.

Abgesehen vom Sonnenlicht hassen nächtliche Geister jeglichen Lärm – übrigens ein Grund, warum man in der besonders magischen Silvesternacht möglichst viel davon machen soll. Damit hält man sich die Geister vom Hals, die einem Böses wollen. Einem Einzelnen aber ist es nicht angeraten, in den Nächten zu lärmen oder lautstark zu arbeiten. Etliche Sagen und Geschichten erzählen von Verstößen gegen diese Regeln. Die folgende (sehr kurze) stammt aus dem Allgäu:

Bei der Blasiuskirche zu Kaufbeuren, einem uralten Kirchlein mit schönen alten Gemälden an den Wänden, soll es früher zuweilen gegeistet haben. Einmal ging da nachts einer, der im Wirtshaus etwas schief geladen hatte, laut lärmend vorüber. Da gemahnte ihn der gestörte Geist zur Ruhe und rief ihm mit hohler Stimme zu: »Der Tag ist dein, die Nacht ist mein!«

Besonders das Pfeifen in der Nacht irritiert die Geister und wird umgehend bestraft. Sehr ernst nimmt man seit alter Zeit und vielerorts auch heute noch das Verbot, nachts in einen Spiegel zu schauen, weil man dann die Unheil kündenden Wesen oder gar den Tod sehen könne. Wer nachts zu Haus bleiben kann, sollte das auch tun, und insbesondere Wöchnerinnen dürfen keinesfalls das Haus verlassen, denn sie sind ganz besonders anfällig für Angriffe böser Geister. Wäsche sollte man nach Möglichkeit nicht über Nacht im Freien hängen lassen – unter keinen Umständen aber in den bekannten »Geisternächten«.

Wer aber nun einmal ausgehen muss, sollte in jedem Fall bestimmte Plätze meiden, die alle Geister und die Untoten weltweit besonders lieben: Hier sind vor allem natürlich Friedhöfe zu nennen, Grüfte und überhaupt alle Stätten, die mit den Toten und dem Tod zu tun haben. In Indien sind das auch die Leichenverbrennungsplätze und auf der ganzen Welt Orte, wo Menschen durch Unfall oder Mord ums Leben kamen und die durch Wegkreuze oder andere Mahnmale bezeichnet sind, sowie Hünengräber.

Ferner gehören zu den besonderen Geisterplätzen Dachböden, alte Bäume, die Stelle, wo zwei Flüsse oder Bäche sich vereinigen, dann natürlich alte heilige Plätze, also auch viele Kirchen. Eine ganz besondere Bedeutung aber kommt dem Kreuzweg zu. Nach auf der ganzen Welt verbreitetem Glauben zählen die Punkte, an denen mehrere Wege aufeinander treffen oder sich zwei Wege kreuzen, zu den magischsten Plätzen. Sie sind für alle Geister, Tod und Teufel der Eingang zur Unterwelt, in der sie alle hausen. Hier werden dementsprechend auch zahlreiche Zaubereien ausgeführt, weil sie die Geister auf direktem Wege erreichen. In England war es eine Zeit lang Sitte, die Leichen von Selbstmördern an Kreuzwegen zu verscharren, und auch Galgen wurden gern an möglichst hoch gelegenen Kreuzwegen errichtet. Die Erklärung, dass die Geister von Selbstmördern und »Galgenvögeln« oder eben auch Vampire sich, bevor sie umgehen, für einen der mindestens vier möglichen Wege entscheiden müssen und daher vielleicht die ganze Nacht damit beschäftigt sind, dürfte eher eine sekundäre sein.

Das Unheilvolle, Geheimnisumwitterte der schwarzen Nacht wurde auch auf die Tiere übertragen, die dunkel sind: vor allem die schwarze Katze sowie Krähen und Raben (die den Germanen gerade heilig waren, man denke an Hugin und Munin, die beiden weisen Raben Odins). Schwarze Tiere und insbesondere die genannten gelten seit christlicher Zeit als Unglücksboten und als Hexentiere, mit denen man alle möglichen Zaubereien ausführen kann. Bekannt ist auch das schwarze Huhn, das bei Voodoo-Ritualen eine wesentliche Rolle spielt. Beim Raben (sprich meist der Krähe) kam vielleicht erschwerend hinzu, dass sich diese Vögel insbesondere im Mittelalter von den Leichen der zahlreichen Erhängten ernährten, weshalb ihnen eine enge Verbindung zum Tod, und zwar zum besonders unheimlichen und schmählichen, »bösen« Tod angedichtet wurde. Außerdem ist die bekannte Klugheit dieser Vögel ein weiterer Grund, ihnen Böses nachzusagen, denn alles Ungewöhnliche ist für schlichte Gemüter negativ besetzt.

Zu den ungewöhnlichsten »schwarzen« Tieren zählt die Fledermaus, der tierische Vetter des Vampirs. Sie ist zum einen ein »Zwischentier«, also weder Vogel noch »richtiges« Säugetier, sondern, wie schon der Name zum Ausdruck bringt, nach früherer Vorstellung eine Mischung zwischen Vogel und Maus oder Ratte. Außerdem treibt sie sich in der Dämmerung und der Nacht herum, und so ist sie im Volksglauben vieler Länder eng mit dem Tod verbunden und ein echtes Zaubertier.

Miniaturvampire oder Pissdämonen

Mit den Fledermäusen verhält es sich wie mit vielen anderen Lebewesen, die man früher mit Hexen in Verbindung brachte: Auf der einen Seite betrachtete man sie mit Argwohn, Angst und Schrecken und sagte ihnen die übelsten Dinge nach; auf der anderen Seite wurden sie zu allerlei Zaubereien benutzt und sollten Glück bringen. Ein Beispiel für Letzteres ist unser Schornsteinfeger: Er ist rabenschwarz, also negativ, außerdem hat er mit Ruß zu tun, einer typischen, ominösen Hexen-und-Zauber-Substanz. Dennoch aber gilt er als Glück bringend.

So auch die Fledermaus. Vielerorts als Unglückstier, als todbringend gefürchtet, eng mit der Nacht und daher mit allem Üblen verbunden, galt und gilt sie beispielsweise in Teilen von England als Glück verheißend. Einerseits glaubte man früher, sie sei für verschiedene Krankheiten, wie vor allem die Pest, verantwortlich und entweder selbst der Teufel oder eng mit ihm verschwistert. Andererseits sollte ein solches Tierchen dem Haus, in dem es wohnt, Heil und Segen garantieren. Diese positive Wirkung wurde sogar dem toten Tier zugeschrieben: So sollte eine an die Tür genagelte tote Fledermaus alles Böse vom Haus abhalten. Auch wer Körperteile oder, noch besser, einen vollständigen Fledermausbalg bei sich trug, hatte Glück im Spiel und bei den Frauen. Manch ein Mädchen vergrub eine tote Fledermaus, merkte sich, wo sie lag und holte einige Zeit später ihre Knöchelchen wieder hervor. Dann berührte sie damit heimlich den Mann, den sie für sich gewinnen wollte. Auch genügen angeblich einige Haare von einer Fledermaus im Getränk des Angeschmachteten, um ihn zu bezaubern.

Das seltsame Tierchen fand zudem in der Volksmedizin vieler-

lei Verwendung, und zwar schon seit alter Zeit. Bereits Plinius berichtet von vielfältigen Verwendungsmöglichkeiten, so etwa gegen Bauchweh, Schlangenbiss und als Enthaarungsmittel. Was Letzteres betrifft, so glaubte man auch bei uns, die Berührung mit dem Tier würde, da seine Flügel weitgehend kahl sind, bei einem selbst Haarausfall bewirken. Und so hatte man große Angst davor, dass sich eine Fledermaus im Haar verfangen könnte: Kahlheit war noch das Harmloseste, was daraus resultieren sollte. Eiternde Beulen, Grind oder Ausschlag sowie der sehr gefürchtete »Weichselzopf« (eine krankhafte Verfilzung des Haares) waren ebenfalls zu gewärtigen.

In Mecklenburg beschworen Mädchen:

Fledermaus, Fledermaus, rauf mir nicht die Haare aus,
Lass mir meine Zöpfe stehen,
Dass ich kann zu Tanze gehen.

Ferner musste man gut darauf achten, dass einem der kleine »Pissdämon«, wie die Fledermaus früher volkstümlich genannt wurde, nicht auf den Kopf pinkelte, denn – so dachten unter anderem die Franzosen, Italiener und Schwaben – Kahlköpfigkeit wäre die sofortige Folge gewesen.

Heutzutage kann man solche Befürchtungen nicht mehr so recht nachvollziehen: Wer von uns hatte schließlich schon einmal Gelegenheit, eine Fledermaus von Nahem zu sehen, geschweige denn, eine von ihnen aus seinen Haaren herauszupulen? Wohl die wenigsten. Aber es kommt immerhin zuweilen vor, dass Leute die Polizei rufen, weil bei ihnen eine Fledermaus in die Wohnung geflogen ist, sie in Panik geraten und nicht wissen, wie sie sich nun verhalten sollen. Vor allem im Herbst häufen sich solche Vorkommnisse, da die Fledermäuse sich dann einen geschützten Winterschlafplatz suchen. In früheren Zeiten aber, als die Menschen noch nicht derart abgeschottet von der Natur lebten, wie dies heutzutage überwiegend bei uns der Fall ist, waren Fledermäuse im Haus durchaus nichts Ungewöhnliches. Eine Bekannte erzählte uns vor mehreren Jahren von einem Aufenthalt in Nordspanien in einem kleinen Haus auf dem Land. In einem der Zimmer hausten Fledermäuse, die nachts aus- und einflogen – ganz selbstverständlich geduldet von den Hausbesitzern. Da kann es natürlich schon einmal passieren, dass sich ein Tierchen in den Haaren eines menschlichen Mitbewohners verheddert …

Dass Fledermäuse früher als unheimlich galten, war nicht nur auf ihr befremdliches Aussehen und ihre nächtliche Lebensweise zurückzuführen, sondern auch speziell auf den Umstand, dass sie im Finstern so schnell und sicher durch die Gegend schießen – und das, obwohl man sie für blind hielt. So etwas *konnte* ja nicht mit rechten Dingen zugehen! So glaubte man auch, dass die Tiere im Gegenteil besonders scharfe Sinne hätten. Wenn man sich also ein wenig Fledermausblut auf die Augen strich, würde man sich ebensogut in der Nacht orientieren können wie sie. Und da die Tierchen nachts dank ihrer Farbe so gut wie unsichtbar sind, ging man davon aus, sie könnten auch einen selbst unsichtbar machen, wenn man sie (tot natürlich) bei sich trug. Wie viele Diebe mögen wohl aufgrund dieses Irrglaubens gefasst worden sein?

Andererseits gibt es, wie gesagt, Länder, in denen die Fledermaus uneingeschränkt als Glückssymbol galt und gilt. Hier ist in erster Linie China zu nennen, wo die »Glücksmaus« (*Fuksyu*), wie sie auf Kantonesisch genannt wird, oft auf Fahnen und anderen Gegenständen oder Stoffen dargestellt wurde und wird. Sie soll Glück und ein langes Leben gewähren und fünffachen Segen bringen: Wohlstand, Gesundheit, Tugend, Alter und einen natürlichen Tod. Fuxing, der chinesische Gott des Glücks, wird oft als Fledermaus dargestellt.

Es nimmt vielleicht nicht wunder, dass Fledermäuse auch mit den Seelen von Toten in Verbindung gebracht wurden. Sie sollten beispielsweise die Verkörperung der Seelen von Menschen sein, die eines unnatürlichen Todes gestorben waren oder zu Lebzeiten ein Verbrechen verübt hatten. So erzählt Ovid in seinen *Metamorphosen*, die Töchter des mythischen Königs Minyas seien, weil sie das Bacchusfest durch Webarbeiten entweiht hatten, in Fledermäuse verwandelt und dazu verdammt worden, fortan nachts, mit ihren zirpenden Stimmen schreiend, rastlos umherzufliegen. Im Elsass hielt man diese Tiere für die Seelen von Junggesellen und alten Jungfern. Da Fledermäuse mit Vorliebe in Höhlen hausen, die ja vielerorts als Eingang zur Unterwelt gelten, liegt die Verbindung zu den Toten ohnehin nahe, und man glaubte daher, sie seien unsterblich.

Kein Wunder, dass man ihr Blut für ganz besonders magisch erachtete. Alle möglichen Zaubersprüche schrieb man, um ihre Wirkmächtigkeit zu erhöhen, mit ihrem Blut – so etwa den Namen des Mädchens, mit dem man unbedingt tanzen wollte. Dann warf man den Zettel so vor das Mädchen, dass sie darauf treten musste, und schon war sie einem verfallen.

Aber alle diese magischen, überweltlichen – bzw. unterweltlichen – Eigenschaften dürfen nicht von der Tatsache ablenken, dass die Fledermaus in den alten Vampirsagen und -märchen mit den untoten Wiedergängern nicht viel zu tun hatte.

Allerdings meinen einige Forscher, den Vampir habe man sich ursprünglich als geflügeltes Wesen – Fliege, Schmetterling, Huhn und eben auch Fledermaus – vorgestellt. Eine gewisse unbestreitbare Wesensverwandtschaft mit dem Vampir zeigt sich weiterhin in der Vorstellung, die Fledermaus sei die Seele eines ruhelosen Toten. Da sich außerdem Hexen- und Vampirglauben im Laufe der Zeit vielfach miteinander vermischten, lag es nahe, auch dieses Hexentier dem Vampir zuzuschreiben.

Sicher ist in jedem Fall, dass der Siegeszug der Fledermaus als *das* Vampirtier schlechthin erst mit Bram Stoker begann. Manche Forscher sind zudem der Ansicht, die Verbindung zwischen Vampiren und Fledermäusen sei erst zustande gekommen, als Nachrichten aus der Neuen Welt über blutsaugende Fledertiere zu uns gelangten.

Es gibt weltweit mehr als 900 Arten von Fledertieren, die sich in die Flughunde oder Flederhunde und die Fledermäuse aufteilen. Die meisten von ihnen leben in den warmen Gegenden, dem Tropengürtel der Erde. Die kälteren Regionen der Erde sind bei ihnen weit weniger beliebt, und so leben dort auch bedeutend weniger Arten. Insgesamt haben sie aber, wie es in einem wissenschaftlichen Werk über sie heißt, »im Verlauf der Stammesgeschichte alle bewohnbaren Lebensräume der Erde untereinander aufgeteilt«. Insbesondere sind in diesem Zusammenhang die Glattnasen zu erwähnen, die die ganze Erde erobert haben und selbst auf die kleinsten Inseln gelangt sind. Die zu dieser Familie gehörigen Mausohren sind in der Tat das Säugetier, das sich – ohne Zutun des Menschen – weltweit am meisten ausgebreitet hat. Dass das kleinste bekannte Säugetier der Welt die Schweinsnasenfledermaus ist, die gerade mal zwei Gramm wiegt, weiß vielleicht auch nicht jeder – zumal sie erst vor etwa 30 Jahren entdeckt wurde.

Zu unterscheiden ist zwischen den Fledertieren, die Obst fressen (im Wesentlichen die Flughunde), und denjenigen, die sich von Insekten oder gar Fleisch ernähren (überwiegend die Fledermäuse). Es ist erstaunlich, wie groß die Spannbreite dessen ist, was die Fledertiere fressen: angefangen bei Blättern, Pollen und

Nektar, über Käfer, Schmetterlinge, Spinnen, bis hin zu kleinen Vögeln, Echsen, Fröschen, ja selbst kleinen Fledermäusen und, was uns in einem Vampirbuch natürlich am meisten interessiert – zu Blut.

Lediglich drei Arten der wenig romantisch Neuwelt-Blattnasen heißenden Fledertiere trinken tatsächlich Blut: nämlich der *Gemeine Vampir*, der *Weißflügelvampir* und der *Kammzahnvampir*. Alle drei leben in den warmen Regionen des amerikanischen Doppelkontinents, und am berüchtigsten ist der Erstgenannte, also der Gemeine Vampir. Allerdings handelt es sich bei ihm keineswegs um ein gräuliches Monster, sondern um ein kleines Tierchen, das höchstens 35 Gramm auf die Waage bringt. Dennoch kann einem die Art und Weise, wie diese Minivampire sich bewegen und wie sie Tiere anfallen, schon Angst einjagen. Zum einen sind sie – anders als etwa die bei uns heimischen Arten – auch zu Fuß außerordentlich geschickt und wendig. Sie laufen und springen auf allen vieren und schleichen sich nachts an ihr nichts Böses ahnendes, weil tief schlafendes Opfer an. Dann suchen sie sich eine gute Stelle am Körper des Tieres, wozu sie ihren kleinen Kopf an verschiedenen Stellen ins Fell stecken. Haben sie ein geeignetes Fleckchen gefunden, lecken sie es gründlich ab und saugen schließlich eine kleine Hautfalte an, von der sie dann ein Stückchen abbeißen. Anschließend spucken sie die Haut aus und beginnen, das aus der Wunde fließende Blut aufzulecken oder, korrekter, über die Zungenrinne in sich einfließen zu lassen. Der Bluttransfer dauert bis zu zehn Minuten, und auf diese Weise nimmt ein Gemeiner Vampir pro Nacht bis zu 40 Milliliter Blut auf. Ihr einmal gewähltes Opfer sucht die Fledermaus in den folgenden Nächten oft noch mehrmals auf, hierin also dem Vampir gleich, nach dem sie benannt wurde. Einerseits kann man natürlich nicht behaupten, dass ein solches Fliegengewicht einem Tier von der Größe eines Schafes oder gar eines Rindes durch den bloßen Blutverlust ernsten Schaden zufügen könnte. Allerdings überträgt die Vampirfledermaus erwiesenermaßen die Tollwut – und *das* passt wieder zum Vampir.

Hat der moderne Vampir seine Flügel (bzw. seinen flügelartig wallenden schwarzen Umhang) von der Fledermaus, so fragt sich, von wem er die langen, scharfen Eckzähne hat, die auf keiner modernen Abbildung und in kaum einem Film fehlen – denn davon ist im alten Volksglauben rein gar nichts zu hören. Wie die Abbildung einer der kleinsten bei uns lebenden Vertreterinnen der Fledermäuse, einer Mopsfledermaus, zeigt, haben auch die Fledermäuschen ganz beachtliche Eckzähnchen. Aber vermutlich liegt hier eher eine partielle Verschmelzung mit einem Wesen vor, das sehr oft in einem Atemzug mit dem Vampir genannt wird: dem Werwolf.

Auch der Werwolf mag es blutig

in Bauer erzählte im Jahr 1888 folgende Geschichte, für deren Wahrheit er sich verbürgte, zumal er die darin vorkommenden Personen selbst kennen wollte:

Zu Trapari, unweit Pleternica [Kroatien] lebte ein sehr reicher Mann, der eine große Herde Schafe besaß, über die zwei Hirten und sechs Hunde wachten. Jeden Tag erschien urplötzlich ein Wolf, fraß einige Stück Schafe bei Butz und Stängel auf und verschwand wieder, ohne dass ihn je einer hätte sehen können. Der Hausvorstand wetterte immer, weil die Schafe abgingen; denn schon waren drei Viertel von der Herde dahin. Endlich wurde der Hausvorstand ganz zornig. Jemand aber sagte ihm, das wäre kein wirklicher Wolf. Der Hausvorstand solle mal zeitig morgens aufstehen und die ganze Bekleidung, von den Opanken [Schuhe aus Rindshaut] bis zur Mütze, umgewendet anziehen, dann die Schafe zum Bach hinabtreiben, damit sie weiden, selber aber auf einen Baum hinaufsteigen und abwarten; also werde er in Erfahrung bringen, wer denn eigentlich dieser Wolf sei. Der Hausvorstand befolgte diesen Rat.

Als es um die Mittagsstunde war, kam ein altes Weib aus der Nachbarschaft mit einem Kübel auf dem Kopfe hergestiegen und schöpfte Wasser ein. Darauf legte sie sich auf den Rasen hin, schlug kopfüber drei Purzelbäume, verwandelte sich in einen Wolf, packte den feisten Leithammel, der schon vier Jahre alt war, und fraß ihn samt der Wolle, den Gedärmen und den Klauen auf. Der Mann wollte vom Baume herab die Alte zusammenschießen, besann sich jedoch eines Besseren; denn als er das Weib erkannte, fand er es für rätlicher, sie in ihrem Hause durchzubläuen. Nachdem der Wolf den Hammel aufgefressen hatte, schlug er wieder drei Purzelbäume und verwandelte sich in das alte Weib zurück. Sie nahm den Kübel auf den Kopf und kehrte heim. Nun stieg der Mann vom Baum herab, ging dem Weibe nach und begann sie furchtbar zu be-

schimpfen und wollte sie gar in ihrem eigenen Hause mit dem Gewehr erschießen. Als die Söhne des alten Weibes erfuhren, was ihre Mutter trieb, prügelten sie sie schrecklich durch, dass sie sich kaum mehr rühren konnte; und von der Zeit ab ließ es sich die Alte nimmer beifallen, sich in einen Wolf zu verwandeln und fremde Schafe aufzufressen.

Das Wort Werwolf bedeutet »Mann-Wolf«, worunter zu verstehen ist, dass es sich weder um ein richtiges Tier noch um einen richtigen Menschen, sondern je nachdem um eines von beiden handelt. Die Verwandlung vom einen zum anderen, und zwar zu Lebzeiten des Menschen, ist also – ganz anders als beim Vampir – mit das maßgebliche Kriterium. Diese Verwandlung kann freiwillig erfolgen oder gegen den eigenen Willen. Geschieht sie freiwillig, wie in der obigen Geschichte, müssen bestimmte Rituale durchgeführt und/oder Zaubersprüche aufgesagt werden, damit eine solche Metamorphose stattfinden kann. Der dreimalige Purzelbaum ist nicht etwa ein Kuriosum des kroatischen Berichts, sondern wird in der Tat häufiger erwähnt. Wesentlich ist zum einen die Dreizahl und oft auch, dass irgendetwas verkehrt gemacht wird: die Kleider umgedreht, dreimal *gegen* den Uhrzeigersinn etwas umrundet und dergleichen mehr. Dasselbe muss der Werwolf tun, um die Rückverwandlung in einen Menschen einzuleiten.

Eine weitere Methode, zu einem Werwolf zu werden, ist, Wasser aus der Fußspur eines Wolfes zu trinken – etwas, das früher in weiten Teilen Europas ja durchaus möglich war! Aus Russland sind Zauber überliefert, die man zu diesem Zweck anwandte. Beispielsweise suchte man im Wald einen

»abgehauenen Stamm«, steckte ein kupfernes Messer hinein und umrundete den Baumstamm, indem man einen Zauberspruch aufsagte, der mit den Worten begann: »Auf dem Meer, auf dem Ozean, auf der Insel, auf Bujan, auf der leeren Trift scheint der Mond auf einen Espenstamm«, und endete mit: »Mein Wort ist fest, fester als der Schlaf und das Wort des Helden!« Dann sprang man dreimal über den Stamm und lief »als Wolf in den Wald«.

Häufiger allerdings ist davon die Rede, dass jemand unfreiwillig zum Werwolf wird. Wir erinnern uns an den Film mit Jack Nicholson und Michelle Pfeiffer, wo ein schüchterner und braver Verlagslektor, von einem Wolf gebissen, nach und nach die überscharfen Sinne und den Charakter – und schließlich, nachts, auch das Aussehen – eines Wolfes annimmt. Zu den durch den Volksglauben allerdings nicht bestätigten Details gehört hier, dass gute Menschen zu guten und schlechte zu schlechten Werwölfen werden. Auch sagen die ursprünglichen Geschichten und Sagen nichts davon, dass man sich bei einem Werwolf, wie beim Vampir der Fall, »anstecken« könne.

Vor allem zu Zeiten der Hexenverfolgungen waren viele fest davon überzeugt, Hexen könnten sich in Werwölfe verwandeln beziehungsweise der Teufel sei es, der bestimmte Menschen zu Werwölfen werden lasse. Dabei waren verschiedene Möglichkeiten bekannt, wie er dies zuwege brachte: Er konnte sie mit einem Wolfsfell umhüllen, ihnen einen (aus der Haut eines Gehenkten gefertigten) »Werwolfgürtel« umschnallen oder sie mit einer aus »verdichteter Luft« bestehenden Wolfsgestalt versehen. Eine weitere, »feinstofflichere« Methode bestand darin, dass er sein Opfer in einen tiefen Schlaf versetzte und dann dessen Seele in Gestalt eines Wolfes all die Gräueltaten ausführte, die der Schlafende anschließend nur geträumt zu haben glaubte. Dieselben Möglichkeiten standen im Übrigen auch dem »freiwilligen« Werwolf zur Verfügung.

Entlarven konnte man einen Werwolf, indem man dem verdächtigen Tier beispielsweise eine geweihte Silberkugel in den Leib schoss, ihm einen Gegenstand aus Eisen überwarf oder es damit schlug. Dann platzte das Tierfell auf und der Mensch kam zum Vorschein. Auch genügte es nach dem Glauben mancher, wenn man bereits einen Verdacht hatte, um wen es sich bei dem Werwolf handeln könnte, ihn mit Namen zu rufen. So soll man – gute Nerven vorausgesetzt! – bei genauem Hinschauen die Gesichtszüge des Betreffenden im Wolfskopf erkennen können. In einer Sage aus Schleswig begegnet einem Bauern auf dem Feld eine alte Wölfin, die an seinem Pferd hochspringt, um es an der Kehle zu packen. Dem Bauern kommt nun die Stimme des heulenden Wolfes irgendwie bekannt vor, und er fragt schließlich: »Bist du das, meine alte Mutter, oder bist du das nicht?« Genau genommen sagte er das auf Plattdeutsch, aber das schien den Wolf nicht zu stören, denn kaum hatte der Bauer ausgeredet, stand statt des Raubtiers seine Mutter vor ihm und konnte sich nicht mehr rühren. »Der Bauer lud sie auf den Wagen und brachte sie nach Hause, aber sie lebte nicht mehr lange hernach.«

Aus Dänemark überliefert ist die Geschichte eines Ehepaares. Der Mann war seit seiner Kindheit ein Werwolf. Als die Eheleute einmal spätabends mit ihrem Wagen von einem Fest heimkehrten, merkte der Mann, dass es bald Zeit war, sich zu verwandeln. Er übergab die Zügel seiner Frau, stieg selbst ab und sagte rätselhaft zu ihr: »Wenn dir irgendwas Ungewöhnliches auf der Heimfahrt begegnet, schlag es mit deiner Schürze!« Als gehorsame Gattin fragte sie nicht weiter und fuhr los.

Kurze Zeit später fiel ein Wolf das Gefährt an. Die Frau tat wie geheißen, und der Wolf verschwand mit einem Stück ihrer Schürze im Maul. Mehrere Stunden später erschien ihr Mann zu Hause mit dem Stück Stoff im Mund. Als sie das sah, schrie sie entsetzt: »Mann, du bist ein Werwolf!«

Er aber sagte: »Ich danke dir, Frau, nun bin ich erlöst.«

Dem rationalen Menschen erscheinen diese Geschichten über den Werwolf vermutlich ziemlich unglaubwürdig – und zwar weit mehr noch als die Vorstellung, dass jemand als blutsaugender Vampir umherstreift. Viele versuchten daher, das Phänomen entweder auf die Tollwut oder auf die sogenannte Lykanthropie zu reduzieren. Wie uns ein modernes *Wörterbuch der Psychiatrie* belehrt, handelt es sich bei Letzterer um die »Überzeugung, in einen Werwolf oder ein anderes wildes Tier verwandelt zu sein«. Weiter heißt es, die Lykanthropie sei im Mittelalter offenbar eine häufige Erscheinung bei Geistesgestörten gewesen und man habe sie im 18. Jahrhundert als Krankheit eingestuft.

Mit einfachen Worten ausgedrückt: Ein Werwolf ist ein Irrer, der sich einbildet, ein Werwolf zu sein … Ein schönes Beispiel für eine »wissenschaftliche Erklärung«!

Wenn wir schon dabei sind, können wir an dieser Stelle kurz erwähnen, dass einige Wissenschaftler eine Krankheit namens Porphyrie – immerhin keine Einbildung, sondern ein realer erblicher Enzymdefekt oder eine erworbene Stoffwechselstörung – für den Vampirglauben oder den Glauben an Werwölfe verantwortlich machen. Die Porphyrie verursacht Symptome wie extreme Lichtempfindlichkeit, Wut- und Krampfanfälle, Anämie,

Sensiblisierung der Sinne und angeblich auch Abneigung gegen Knoblauch. Der kanadische Biochemiker David Dolphin behauptet darüber hinaus, an Porphyrie Erkrankte hätten früher zur Eigentherapie Blut getrunken.

Wir können uns, was diese Theorien angeht, nur den Argumenten eines früheren Werwolfforschers anschließen: Zum einen sind die genannten Krankheiten viel zu selten, als dass man den früher so weit verbreiteten Glauben an Werwölfe damit erklären könnte. Mehr oder weniger auf der ganzen Welt glaubte und glaubt man vielerorts heute noch, dass sich bestimmte Menschen des Nachts in wilde Tiere verwandeln können. Auf Haiti etwa ist man noch heute fest von der Existenz des Werwolfes überzeugt, den man unter anderem, exakt wie den Vampir, mit Knoblauch und anderen stark riechenden Substanzen abzuwehren versucht. Nicht überall ist das Wertier ein Wolf. Es kann sich dabei auch, je nach Region, um einen Tiger, eine Katze, einen Löwen, einen Leoparden, um die Hyäne, das Krokodil oder den Bären handeln.

Zum anderen musste, wie wir meinen, der Glaube an Tierverwandlungen bereits im Bewusstsein der Menschen verankert sein, damit solche »Wahnvorstellungen« überhaupt entstehen konnten. So diente die Lykanthropie, dies das Fazit des erwähnten Forschers, »zur Befestigung des alten Werwolfglaubens, wie

das Ausgraben unverwester Leichen den uralten Glauben an wiederkehrende Tote bekräftigte«.

Wie alt der Glaube an Werwölfe ist, zeigen Sagen aus der Antike. Eine der eindrucksvollsten erzählt Titus Petronius Arbiter in seinem nur teilweise erhaltenen satirischen Roman *Satyrikon*. Der Ich-Erzähler ist ein gewisser Niceros:

Als ich noch diente, wohnten wir in einer engen Gasse; das Haus gehört jetzt dem Gavilla. Dort verliebte ich mich, wie das die Götter manchmal so fügen, in die Frau des Schankwirtes Terentius. Ihr habt sie doch gekannt, die Melissa aus Tarent, ein allerliebstes Pusselchen. Aber ich habe mit ihr, weiß Gott, nicht rein körperlich verkehrt oder nur der sinnlichen Lust wegen, sondern mehr, weil sie so gutherzig war. Wenn ich sie um etwas bat, niemals hat sie es mir abgeschlagen. Verdiente sie einen As, so bekam ich einen halben. Was ich ersparte, legte ich in ihren Schoß, und nie wurde ich bemogelt. Da starb ihr Gatte in seinem Landhaus. Ich strebte also mit allen Mitteln nur danach, zu ihr zu gelangen. In der Not aber, wie ihr wisst, zeigen sich die wahren Freunde.

Mein Herr war nämlich zufällig nach Capua gereist, um Wichtiges und Unwichtiges zu besorgen. Ich benutzte diese Gelegenheit und überredete einen unserer Mieter, mich bis zum fünften Meilenstein zu begleiten. Er war Soldat, tapfer wie der Teufel. Wir ziehen beim ersten Hahnenschrei los, der Mond schien taghell, und kommen zu den Gräbern (an der Landstraße). Da schickt sich mein Soldat an, an einem Grabstein sein Geschäft zu verrichten. Ich setze mich hin, trällere ein Liedchen und zähle die Grabsteine. Wie ich mich dann nach meinem Kameraden umsehe, hat er sich nackt ausgezogen und alle seine Kleider an die Landstraße gelegt. Mir stockte der Atem, und ich stand starr wie ein Toter. Er aber pisste einen Kreis um seine Kleider und verwandelte sich plötzlich in einen Wolf. Glaubt ja nicht, dass ich scherze; das größte Vermögen gilt mir nicht so viel, dass ich darum lügen möchte. Aber nachdem er, wie ich eben sagte, in einen Wolf verwandelt war, fing er an zu heulen und floh in die Wälder. Ich wusste erst gar nicht, wo ich war; dann ging ich hin, um seine Kleider aufzuheben; sie waren versteinert. Wer war da mehr halbtot vor Angst als ich? Dennoch zog ich meine Plempe und hieb den ganzen Weg auf die Gespenster ein, bis ich zum Landhaus meiner Freundin kam. Wie ein Toter trat ich ein, beinahe hätte ich meine Seele ausgehaucht, der Angstschweiß fiel mir über die Rückenkerbe hinunter, meine Augen waren erloschen, ich konnte mich kaum wieder erholen. Meine Melissa wunderte sich, dass ich so spät unterwegs war, und meinte: »Wenn du früher gekommen wärest, hättest du uns wenigstens beistehen können. Ein Wolf ist in den Hof eingebrochen und hat alles Vieh angefallen, wie ein Metzger hat er es zur Ader *gelassen. Aber er hat uns doch nicht zum Besten gehabt, wenn er auch zunächst entkam. Unser Knecht hat ihm nämlich mit einer Lanze den Hals durchbohrt.«*

Als ich das gehört hatte, konnte ich kein Auge mehr schließen, sondern rannte, da es schon heller Tag war, wie ein geprügelter Gastwirt in das Haus unseres Herrn Gajus zurück. Und als ich an den Ort kam, wo die Kleider zu Stein geworden waren, fand ich nichts als Blut vor. Als ich aber nach Hause kam, lag mein Soldat im Bette wie ein Ochs, und ein Arzt verband seinen Hals. Da erkannte ich denn, dass er ein Werwolf war, und konnte seitdem keinen Bissen Brot mehr mit ihm teilen, und wenn man mich halb tot geschlagen hätte. Sollen andere davon denken, was sie wollen; mir aber mögen, wenn ich lüge, eure Schutzgeister ungnädig sein.

Oft wirft sich, wie oben gesagt, der Wolfsmensch das Fell eines Wolfes über und wird so zum Wolf – und zwar vor allem im Winter und Frühling, bis etwa Christi Himmelfahrt. Manche Forscher sehen in diesem Vorgang Parallelen zu den unzähligen Märchen auf der ganzen Welt, in denen Feenwesen zum Baden ihre »Tierkleider« (wenn sie Schwäne sind, also ihr Schwanenkleid) am Ufer ablegen, um sie anschließend wieder anzuziehen. Nimmt ein Mann ihnen rechtzeitig diese Kleider fort, können sie sich nicht mehr rückverwandeln und müssen, meist wider ihren Willen, so lange Frauen bleiben, bis sie eines Tages zufällig ihr Tiergewand wiederfinden und in ihrer ursprünglichen Gestalt auf immer entschwinden.

Das Phänomen des Werwolfs auf dieses Motiv zu reduzieren, hieße aber, zentrale Elemente des Werwolfglaubens zu ignorieren. Ein wesentlicher Unterschied ist etwa, dass die Schwanenjungfrauen zwar vielleicht Felder kahlfressen, niemals jedoch andere Lebewesen leibhaftig schädigen – um von den blutrünstigen Taten der Werwölfe ganz zu schweigen. Zum anderen erfolgt bei diesen Geschichten die Verwandlung durchaus nicht überwiegend bei Nacht. Grund für die Verwandlung ist vielmehr häufig der völlig harmlose Wunsch, ein Bad zu nehmen. Schließlich ist das Motiv der Tierhaut oder des Tierkleides bestimmend in diesen Märchen, was es beim Werwolf mitnichten ist. Wie die eingangs erzählte Geschichte deutlich macht, kommt dieses Detail oft genug überhaupt nicht vor.

Dem Wolf wird in vielen Ländern ein besonders magisches Wesen zugeschrieben. Nicht umsonst gibt es nach der germanischen Sage den Fenriswolf, Sohn des bösen Loki, und war der Wolf in der Antike dem Apollo heilig. Er ist ein Symbol der Nacht, des Winters und des Todes, aber auch der Schnelligkeit und Kraft und somit extrem gefährlich. Daher begegnete man ihm mit besonderer Ehrfurcht und führte regelmäßig, oft in Verbindung mit Speiseopfern, bestimmte Beschwichtigungsriten durch.

Die Südslawen glaubten, die Wölfe (wie übrigens auch andere Tiere) hätten einen unsichtbaren Hirten, der beliebig seine Gestalt wechseln, also Mensch wie Wolf sein könne, und jedem Tier einmal im Jahr seine Beute und sein Schicksal für das nächste Jahr verkünden würde. Wenn ihr Hirte mit ihnen auszieht, sind die Tiere für die Dauer dieses Ausflugs vollkommen unsichtbar, und auch Hunde können sie nicht aufspüren. Knallt er mit seiner Peitsche, kann er sie nach Belieben sichtbar werden lassen. Jeder Mensch ist mithilfe bestimmter Riten imstande, selbst zu einem solchen Wolfshirten zu werden – und hier nähert man sich wieder dem Glauben an Werwölfe.

Hier könnte man sich sagen: Schön und gut, aber was hat das alles in einem Vampirbuch zu suchen? Nun, die meisten Forscher stimmen darin überein, dass die beiden ursprünglich zwar tatsächlich nicht viel miteinander zu tun hatten, mit der Zeit aber, zumindest in bestimmten Gegenden, fast völlig miteinander verschmolzen. Dabei ging der Werwolfglaube im Vampirglauben auf und nicht umgekehrt.

Bei Kreuter heißt es: »Im südosteuropäischen Raum, besonders unter den Balkanslaven und den Griechen gehen Vampir und Werwolf eine derart enge Verbindung in den volkstümlichen Vorstellungen ein, dass der Werwolf als eigenständiges Wesen des Volksglaubens praktisch zu existieren aufhört.«

Dafür spricht beispielsweise auch, dass dem Werwolf nachgesagt wird, er könne wie der Vampir selbst durch die kleinste Ritze kriechen, dass ein wirksamer Schutz gegen ihn mithin eigentlich nicht existiere. Auch soll er seiner Frau in Tiergestalt beiwohnen können – wofür im Grunde keine Notwendigkeit besteht, da der Werwolf ja (anders als der Vampir) ein lebender Mensch ist, der also jederzeit, wenn ihm (und ihr) danach ist, mit seiner Frau schlafen kann.

Gemeinsam haben beide sagenhaften Wesen wohl ursprünglich, dass sie hauptsächlich nachts aktiv sind, dass sie Menschen schaden und Blut (bzw. Lebenskraft) trinken – so wird bei den Slowaken ein starker Trinker als *vlkodlak* (oder *vukodlak)*, also Werwolf bezeichnet. Anders als der Vampir, der gewissermaßen erst aus dem Grab zum Leben erwacht, stirbt der Werwolf nach seinem Tod – oder wird zum Vampir.

Der Werwolf ist jedoch nicht das einzige Wesen, das, wenn auch vielleicht erst in jüngerer Zeit, mit dem Vampir in einen engen Zusammenhang gesetzt wurde. Neben dem Vampir gibt es nämlich noch eine Vielzahl anderer Untoter. Inwieweit und ob er mit diesen verwandt ist, wollen wir im nächsten Kapitel untersuchen.

Familienbande?

Von Wiedergängern und schmatzenden Toten, Nachzehrern, Zombies und Ghulen

Wie vermutlich bei allen sagenhaften Wesen, gehen auch die Meinungen über die sogenannten »Untoten« teilweise weit auseinander. Immerhin lässt sich wohl allgemein sagen, dass dieses Wort als ein Oberbegriff aufzufassen ist. Wer aber im Einzelnen darunter fällt, ist umstritten. Die einen meinen, Untote seien von den Gespenstern und Geistern zu unterscheiden. Während nämlich Letztere körperlich ganz und gar tot seien und eben nur noch »im Geiste« aktiv, verhalte es sich bei den Untoten genau umgekehrt: Sie seien geistig tot, körperlich aber noch lebendig.

Geht man von der Bedeutung des Wortes aus, so handelt es sich um Wesen, die »nicht tot« sind. Dies lässt natürlich beide Interpretationsmöglichkeiten offen: nicht-tot im geistigen und nicht-tot im körperlichen Sinn. Da aber der Geist nach Ansicht der meisten Religionen ohnehin in der einen oder anderen Form weiterlebt, und man somit (wenn der weiterexistierende Geist ausschlaggebend wäre) alle gestorbenen Wesen als »untot« bezeichnen müsste, schließen wir uns der zweiten Ansicht an. Wir bezeichnen also als Untote Wesen, die, um es plastisch auszudrücken, wenn man ihr Grab öffnete, entweder nicht darin liegen oder aber noch frisch und lebendig wirken, obwohl sie de facto gestorben sind.

Wir nehmen hier aber die sogenannten »lebenden Leichname« aus. Bei ihnen handelt es sich weniger um Untote als um einen *Zustand*, in dem sich jeder Mensch nach seinem Tod im Glauben sehr vieler Völker befindet. Es ist ein Stadium von unterschied-

licher Dauer, in dem der Tote noch nicht im Paradies, der Hölle oder wo auch immer, sondern in einem Limbus, einem Zwischen- stadium verweilt. Wird er bei diesem heiklen Übergang vom Le- ben zum Tod auf irgendeine Weise gestört, kann dies sehr unan- genehme Folgen für den Störer – oder auch für andere Menschen – haben. Lebende Leichname können sich also zwar (beispiels- weise) zu Vampiren entwickeln, sind aber von sich aus erst einmal nur im Wartesaal zu einem anderen Leben oder Zustand aushar- rende Tote.

Wir lassen weiterhin auch die häufig im Zusammenhang mit Vampiren genannten – Männer beziehungsweise Frauen nachts sexuell heimsuchenden – Succubi und Incubi außen vor, da sie uns und vielen anderen Forschern allenfalls ansatzweise zur Ver- wandtschaft der Vampire zu gehören scheinen und eigentlich eher zu den Geistern oder Dämonen zu rechnen sind.

Was nun aber die übrigen Untoten angeht, so kommt man schließlich nicht bei jedem Menschen, der tot ist (einem aber nicht erscheint und der auch nicht im Grab so laut schmatzt, dass man es hört) auf die Idee, nachzuschauen, ob er brav in seinem Sarg liegt oder nicht. Zudem stand es auch früher unter Strafe, eine Leiche ohne behördliche Genehmigung wieder auszugraben. So war und ist es verständlicherweise keineswegs einfach, jeweils zu entscheiden, um welche Art von Wesen es sich bei einem »Geist« handelt.

Ein solcher Fall sind die *Wiedergänger*, die sehr oft als »untot« bezeichnet werden. Sie können physisch spürbar sein, dann nämlich, wenn sie sich etwa als »Aufhocker« oder auch als Alb betätigen, um jemanden zu quälen oder zu einer bestimmten Handlung zu bewegen. Übrigens vermischen sich auch hier, was die Verbindung mit Alb und Aufhocker angeht, verschiedene Traditionen. Wenngleich die Genannten – und auch der Nachtmahr – an und für sich »Druckgeister« sind, werden sie doch immer wieder als Wiedergänger bezeichnet. Auch sollen sie sich nachts vampirisch betätigen können, indem sie Menschen würgen, und imstande sein, sich in Tiere zu verwandeln.

Gemäß der Definition eines Konversationslexikons ist ein Wiedergänger ein Toter, dessen unerlöste Seele im Grab keine Ruhe findet und der daher umgeht. Interessant ist der folgende Zusatz, da er erneut deutlich macht, wie komplex und unklar letztlich derartige Bezeichnungen und Zuordnungen zu bestimmten Geistwesen sind: »Formen des Wiedergängers sind die weiße Frau, der Nachzehrer und der Vampir, in Tiergestalt z. B. der Werwolf.« Manch ein Forscher sieht denn auch die Wurzeln des Glaubens an Vampire im Glauben an Wiedergänger.

Eine typische, in unzähligen Varianten überlieferte Geschichte über einen Wiedergänger ist etwa die folgende aus dem Ort Westerstede in der Nähe von Oldenburg:

Einst ging ein Verstorbener wieder und kam immer näher, zuletzt so nahe, dass er sich auf die Eimer setzte, woraus das Vieh trank. Da holte man katholische Geistliche, um den Spuk zu bannen, aber sie richteten nichts aus, bis endlich ein ganz junger Pastor kam. Als der Geist wieder erschien, nahm der Pastor eine Bibel unter den Arm, zog mit einem

Stock einen Kreis auf dem Fußboden und sprach: »Bis hierher und nicht weiter!« Und der Geist stand still. Der Pastor fragte: »Was willst du?«

Der Geist erwiderte: »Sie haben mir versprochen, mir das Leichentuch mitzugeben, und haben es nicht getan.«

Der Pastor ließ sich das Leichentuch bringen und hielt es dem Geist hin. Dieser fasste es am Zipfel, der Zipfel riss ab und der Geist verschwand, ist auch nicht wiedergekommen. Das Tuch ohne den Zipfel wurde noch lange aufbewahrt, aber es war nicht möglich, wieder einen Zipfel daran zu nähen, weil er stets sofort wieder abfiel.

Die Erlösung des Toten geschah also dadurch, dass ein ihm zu Lebzeiten gegebenes Versprechen endlich eingelöst wurde. Solche Fesseln, die den Toten mit der Welt der Lebenden verbinden, können aber auch ganz andersartiger Natur sein. Wenn beispielsweise jemand zu sehr um einen Toten trauert, findet dieser im Grab keine Ruhe. Weiterhin gibt es jede Menge christliche Varianten: dass nämlich die nötigen Sterbesakramente nicht erteilt oder bestimmte Riten beim Begräbnis nicht eingehalten wurden.

Wiedergänger können zu jeder Tages- und Nachtzeit erscheinen, besonders aber, wie alle Geister, um Mitternacht, wobei die Stunde vor und die Stunde nach 12 Uhr gemeint sind. Sie lieben dabei die schon genannten Orte wie Kreuzwege, daneben aber auch Moore, einsame Wege, wüste Heiden und seltsamerweise Tümpel. Im Allgemeinen aber erscheint ein solcher Untoter dort, wo ihm das ungesühnte Unrecht geschehen ist.

Wiedergänger können dabei ihre natürliche Gestalt annehmen und die Kleidung tragen, in der man sie kannte. Oder sie haben zwar ihre natürliche Gestalt, sind aber weiß, grau oder schwarz gekleidet. Was die möglichen Farben angeht, so heißt es, weiße Kleidung deute an, dass der Wiedergänger noch erlöst werden könne. Sei sie dagegen schwarz, sei er der ewigen Verdammnis anheimgegeben und dem Teufel verfallen. Außer in menschlicher Gestalt können sie als Flämmchen, als Irrlichter oder als Sternschnuppen auftauchen, außerdem jede beliebige Tiergestalt annehmen, vorzugsweise aber die einer Krähe, Elster, eines Hundes oder einer Katze. Handelt es sich um Selbstmörder, fehlt ihnen der Kopf. Wurde jemand auf irgendeine Weise durch seine Familie in den Selbstmord getrieben, kann er sich als Wiedergänger rächen, indem er Krankheiten über die Verwandten und deren Vieh bringt. Dann ist ein Exorzismus nötig, um ihn »wegzubeten«.

Ein charakteristisches Kennzeichen des Wiedergängers ist also, dass der Betreffende nach seinem Tod die Lebenden *nicht freiwillig* heimsucht. Er wird vielmehr durch irgendetwas dazu gezwungen, wobei die typischen Auslöser sind: falsches Verhalten oder Versäumnisse bei seiner Beerdigung, fehlende Beigaben, das Nichterfüllen eines Wunsches oder Versprechens seitens irgendwelcher Verwandten, eine noch offene Rechnung mit jemandem, ein angetanes Unrecht, gewaltsamer Tod oder Selbstmord. Auch Ungetaufte, im Kindbett Gestorbene und Ertrunkene sollen nach traditioneller Auffassung zu Wiedergängern werden.

Wird dieses Unerledigte oder Ungesühnte im Nachhinein erledigt oder gesühnt, ist der Wiedergänger erlöst. Bei »unzeitigem« Tod liegt die Sache etwas anders, aber auch hier findet der »zu früh« Gestorbene irgendwann – und zwar meist dann, wenn seine ihm eigentlich zugemessene Zeit um ist – seine Ruhe.

Eine besonders bösartige Variante des Wiedergängers ist der sogenannte *Neuntöter* (nicht zu verwechseln mit dem gleichnamigen Vogel), der nach dem Tod keine Ruhe gibt, bis er neun seiner Verwandten, vor allem durch nächtliches Würgen, ins Jenseits befördert hat.

Ganz anders präsentiert sich das Bild vom *Zombie*, der ebenfalls immer wieder in enge Verbindung mit dem Vampir gebracht wird, und zwar teilweise zu Unrecht.

Was das Wort Zombie genau bedeutet und wo es herkommt, weiß man nicht. Zuweilen wird behauptet, es handele sich um den Namen eines westafrikanischen Schlangengottes. Fest steht aber, dass der Glaube an Zombies in der haitianischen Voodoo-Religion verwurzelt ist. Auch fließt in die Definition des Zombies vielfach die Überzeugung ein, dass »nicht sein kann, was nicht sein darf«. So steht zu lesen, dass es sich dabei um einen Toten

handelt, der durch den Zauberritus eines Meisters wieder zum Leben erweckt wird und diesem fürderhin als eine Art »Lasttier« dienen muss. Solche Untoten gehen dann eben »wie ein Zombie« herum, haben keinerlei Erinnerung mehr an ihr früheres Leben, können zwar essen und (näselnd!) reden, wirken aber deutlich abwesend und neben der Kappe, mit glasigen Augen und so, als ob sie mit Medikamenten vollgepumpt seien (was sie ja vielleicht auch sind).

Übrigens sollen die Zombies meist stumm ihren Pflichten nachgehen und im Prinzip keine Nahrung benötigen. Allerdings heißt es zuweilen, sie würden Menschenfleisch essen, was auch der Grund ist, weshalb sie in die Nähe der Vampire gerückt werden. Klar identifizieren und gleichzeitig erlösen soll man sie können, indem man ihnen Salz zu essen gibt. Dann erkennen sie mit einem Mal, was mit ihnen los ist, und marschieren schnurstracks, ohne sich von irgendwem aufhalten zu lassen, auf den Friedhof zurück, legen sich wieder in ihr Grab und verwandeln sich augenblicklich in verwesende – beziehungsweise, je nach Alter, längst verweste – Leichen.

Die Vorstellung, Zombies seien wirkliche Tote, dürfte sicher am Anfang des Zombieglaubens stehen, und nicht etwa die vielfach anzutreffende Erklärung, dass es sich lediglich um – nach der Einnahme von Drogen – Scheintote handelt. Letzterem »Brauch« soll die Absicht zugrunde liegen, behördlichen Sanktionen zu entgehen. Hatte man also etwas ausgefressen, ließ man sich von einem, der seine Sache verstand, Gift vom Kugelfisch verabreichen, verfiel anschließend in einen Zustand, in dem selbst Ärzte einen für tot hielten, ließ sich begraben und anschließend, wenn niemand mehr Argwohn schöpfte, wieder ausgraben. Der Kulturanthropologe Storl ist dagegen der Ansicht, in West- und Zentralafrika seien Kriminelle auf diese Weise gleichzeitig unschädlich gemacht und bestraft worden. Damit sie keinen eigenen Willen mehr hätten, sei ihnen regelmäßig Atropin verabreicht worden.

Obwohl beides vorgekommen sein mag, lässt sich doch das Phänomen Zombie damit kaum erklären. Dass dagegen Voodoo-Zauberer Menschen mit einem Fluch belegen können oder auch

Gift und Drogen einsetzen, wodurch ihre Opfer langsam dahinsiechen und schließlich scheintot werden, könnte der Wahrheit näherkommen und bestätigt auch der Voodoo-Forscher Alfred Metraux. Ein anständiger Zauberer dürfte zwar Gifte überhaupt nicht nötig haben, aber wer weiß … Anschließend wird der Scheintote auf irgendeine Weise »wiederbelebt« und ab dann in einem Zustand der Willenlosigkeit gehalten, sodass er dem Hexenmeister von nun an als fügsamer Arbeitssklave dienen kann. Darüber, wie der Zauberer dieses Kunststück fertigbringt, gehen die Meinungen wiederum auseinander, aber Prügel und Drohungen sollen dabei keinen unwesentlichen Anteil haben. Aber, um es noch einmal zu betonen: Wer daran glaubt, dass Menschen einfach so dahinsiechen und sterben, weil sie von einer darin versierten Person mit einem Fluch belegt werden, glaubt sicher auch, dass eben diese versierte Person es fertigbringt, einen Menschen willenlos als Sklaven zu halten – und zwar ganz ohne Atropin und Prügel.

Metraux referiert einen ihm berichteten Fall, wo ein »Monsieur« auf Umwegen in das Haus eines *hungans* oder Zauberers kommt. Als dieser im Verlauf der Unterhaltung merkt, dass der

Monsieur nicht an Zauberei glaubt, fragt er ihn, ob er sich noch an eine bestimmte Person erinnere, einen gewissen Monsieur Célestin, der ein halbes Jahr zuvor gestorben und ein Freund von ihm gewesen sei. »Würden Sie ihn gern sehen?«, fragt der *hungan,* als der Monsieur nickt.

Daraufhin schlägt der Zauberer sechs Mal mit einer Peitsche, die Tür öffnet sich und der Tote erscheint auf der Schwelle. Der Monsieur will ihm mitleidig sein Glas anbieten, da geht der Zauberer dazwischen und erklärt ihm, man dürfe einem Zombie, einem Toten, niemals irgendetwas direkt in die Hand geben. Der Zombie spricht kein Wort, steht nur da mit hängendem Kopf.

Der Zauberer hatte ihn, wie er dem Monsieur dann erklärte, einem Kollegen für zwölf Dollar abgekauft.

Wenn man die Theorie akzeptiert, dass es sich beim Zombie um einen »echten« Untoten handelt, also einen durch Zauberei wiederbelebten Toten, der von Zeit zu Zeit sein Grab verlässt, würde ihn dies in die Nähe des Vampirs rücken. Aber selbst dann bliebe zum einen der sehr wesentliche Unterschied, dass der Zombie im Gegensatz zum Vampir eines Meisters bedarf, der ihn zum Leben erweckt und versklavt. Zum anderen führt er, wenn er einem Lebenden Schaden zufügt, lediglich die Befehle dieses Meisters aus. Von einer wie auch immer gearteten »Ansteckung« ist ebenfalls keine Rede.

Ein weiteres Wesen, das immer wieder im Zusammenhang mit dem Vampir genannt wird, ist der *Ghul.* Mit diesem ursprünglich arabischen Wort bezeichnet man in vielen muslimischen Ländern bis hin nach Malaysia gefürchtete dämonische Wesen, die in der Wüste und in Wäldern leben. Sie können beliebig ihre Gestalt und Farbe wechseln, und angeblich sollen sie in ihren Ernährungsgewohnheiten und ihrem ganzen Verhalten Werwolf und Vampir ähneln. Aber stimmt das?

In einer Erzählung aus *Tausend und einer Nacht,* der »Geschichte des Sidi Numan«, wird der Beherrscher der Gläubigen mit einer präzisen Definition über diese Wesen aufgeklärt:

Du weißt, o Herrscher, dass die Gulen beiderlei Geschlechts böse Geister sind, die auf den Feldern umherschweifen. Sie bewohnen in der Regel alte verfallene Gebäude, von wo aus sie die Vorübergehenden überfallen, töten und ihr Fleisch verzehren. Können Sie keine Lebenden erwischen, so gehen sie des Nachts auf die Begräbnisplätze, wühlen dort Leichen auf und fressen ihr Fleisch.

Wie wir sehen, können die Ghule also *nicht* mit den Vampiren identifiziert werden. Von den Vampiren wird nichts dergleichen berichtet. Es bleibt auch ganz allgemein festzuhalten, dass nicht jedes Wesen, nur weil es nachtaktiv ist, sich auf ominösen Plätzen herumtreibt und Menschen tötet, zur Gattung Vampir zu zählen ist.

In weit größerer Nähe zum Vampir scheint uns dagegen der *Nachzehrer* (im Internet verschiedentlich passend auch als Nachtzehrer bezeichnet!) zu stehen, der von manchen als Unterart des Wiedergängers angesehen wird. Aber anders als diesen verbindet den Nachzehrer nicht eine noch ungesühnte Tat mit dem Leben, sondern seine Lebensgier, weshalb er im deutschsprachigen Raum früher auch »Gierhals« oder »Gierrach« oder überhaupt nur *Gier* genannt wurde.

Nachzehrer sind also Tote, die *nicht tot sein wollen* und jede noch so kleine Möglichkeit ergreifen weiterzuleben. Die Lebenden müssen daher höllisch aufpassen, wie sie mit einem gerade Gestorbenen umgehen. Sie dürfen ihm beispielsweise weder etwas von seinem Eigentum wegnehmen, noch dürfen sie ihm etwas von sich selbst mit ins Grab geben – also um Gottes willen kein Bild oder Kleidungsstück oder dergleichen! Denn dann hat der Tote Gewalt über einen und kann einen entweder krank werden lassen oder gar bewirken, dass man ihm nachgezogen wird, also ebenfalls stirbt.

Zu Anfang des 18. Jahrhunderts ereignete sich im Siegerland ein Fall, der viel Aufsehen erregte, vermutlich, weil er mit einer adligen Familie zusammenhing.

Ein Mann wohnte bei seiner reichen Tante, die unbedingt wollte, dass er eine ihrer Verwandten heiratet. Er aber hatte nicht die geringste Lust dazu, und so gab es deswegen wiederholt Ärger. Als sie einmal bei ihm war, nachdem er gerade zur Ader gelassen worden war, und wieder das leidige Thema zur Sprache brachte, stampfte er vor Zorn so heftig auf den Boden, dass der Verband platzte und das Blut nur so spritzte, unter anderem auch auf seinen Pantoffel. Die Tante nahm den Schuh später an sich und verfügte, dass er bei ihrem Tod zu ihr ins Grab gelegt werden solle.

So geschah es auch – und in der Folge wurde der Neffe von Tag zu Tag schwächer und elender, bis einer der Verwandten auf die Idee kam, die Tante wieder ausgraben zu lassen »und man fand den einst vermissten Pantoffel auf ihrem Munde und er war schon ganz mit Schleim bedeckt; diesen beizte und ätzte der Arzt hinweg und der junge Mann wurde bald wieder frisch und gesund«.

Wie tief verwurzelt dieser Glaube war, zeigt unter vielen ähnlichen Berichten auch die Geschichte der Magdalena Sibylla Reichsgräfin von Rochlitz. Sie war die Mätresse von Kurfürst Johann Georg IV. Als sie im April des Jahres 1694 an den Pocken starb, folgte ihr der Kurfürst binnen kürzester Zeit nach. Sein Nachfolger ließ das Grab der Reichsgräfin öffnen und der Toten ein Armband abnehmen, das aus den Haaren des toten Kurfürs-

ten geflochten war. Die Mutter der Verstorbenen wurde ange-
klagt, den Tod des Mannes dadurch befördert zu haben, dass man
dieses Armband bei der Beerdigung der Tochter an ihrem Arm
beließ.

Doch nicht nur derart persönliche Dinge wie Blut und Haare
oder Ringe und Kleider durften nicht mit ins Grab, sondern allgemein Gegenstände, die der Familie gehörten. Im Jahr 1872
wurde in Mecklenburg auf Antrag eines Mannes das Grab einer
Angehörigen geöffnet und ein Zinnbehälter mit dem eingravier-
ten Namen der Familie herausgenommen. Nach seiner Ansicht
waren so viele seltsame Todesfälle seit der Bestattung vorgekommen, dass ein Zusammenhang mit dem mitgegebenen Gefäß bestehen musste.

Dieser Glaube und die Angst vor dem »Nachgezogenwerden«
ist heute noch in vielen Ländern lebendig.

Bei der Einkleidung des Toten und bei der Sarglegung achtete
man sorgfältig darauf, dass ihm nicht zufällig ein Zipfelchen oder
Bändchen von der eigenen Kleidung in den Mund hing, denn
dann hielt er sich daran fest. Er schmatzte und saugte daran, bis
die ganze Familie nach und nach ebenfalls zu Grabe getragen
wurde. Daher waren früher auch
die Ausdrücke *Schmatzender Toter*
und *Doppelsauger* sehr geläufig.
Doppelsauger sind Menschen, die
zweimal sterben, nämlich einmal eines normalen Todes und
dann, weil sie Nachzehrer sind
und als solche getötet werden
müssen. Sie saugen zweimal,
einmal als Kind an der Brust
die Milch der Mutter und
später dann als Nachzehrer
Blut oder Lebenskraft an-
derer Menschen. Auch
glaubte man, dass Kinder,
die von der Mutter oder

sonst jemandem nach dem Abstillen erneut an die Brust gelegt werden, also *doppelt saugen*, später zu Nachzehrern würden.

Hier liegt auch die Verbindung zum Vampir. Und so, wie das Blutsaugen beim Vampir nicht eigentlich das volkstümliche Element ist, sondern eher, dass er Menschen die Lebenskraft nimmt, ist es auch beim Nachzehrer: Die Menschen siechen dahin, ihre Kräfte schwinden, bis sie schließlich sterben. Der Nachzehrer mästet sich an dieser Kraft und liegt prall und rund und, wie es oft in früheren Quellen heißt, »wie wenn eine Sau frisst«, schmatzend in seinem Grab. Und zwar so lange, bis er alle seine Angehörigen unter die Erde gebracht hat oder bis sein Laken, an dem er ständig kaut (daher das Schmatzen!), aufgezehrt ist.

Von diesem lauten Schmatzen von Toten (oder besser: Untoten) wird seit Jahrhunderten immer und immer wieder berichtet. Man stelle sich das nur konkret vor: nichts Böses ahnend nachts über einen Friedhof zu laufen und an einem Grab vorbeizukommen, aus dem ein lautes Schmatzen hervordringt … das kann einen schon das Fürchten lehren. Allerdings sind nicht alle schmatzenden Toten Nachzehrer. Viele schmatzen nämlich einfach nur so vor sich hin und tun niemandem etwas zuleide.

Die *Zimmersche Chronik* berichtet im 16. Jahrhundert von einer hübschen Heidelbergerin, die jung starb. Am nächsten Tag hörte man sie so laut »schmatzen und schnufen«, dass viele Menschen davon erzählten. Der Vater ließ daraufhin das Grab wieder öffnen, fand aber nichts Besonderes und ließ es wieder zuschütten.

Die Leute meinten, der Grund dafür sei, dass sie mit den Männern, die zu ihren Lebzeiten um sie gefreit hätten, sehr kalt und abweisend umgegangen wäre.

Natürlich gibt es zu diesem äußerst seltsamen Phänomen auch wissenschaftliche Theorien, von denen die am häufigsten vertretene besagt, das »Schmatzen« werde durch Gärungsprozesse im verwesenden Körper verursacht. Eine andere Erklärung lautet, dass es sich bei solchen »schmatzenden Leichen« in Wirklichkeit um Scheintote gehandelt haben könnte, die, nachdem sie in ihrem Grab wieder aufgewacht waren, aus Hunger und/oder Verzweiflung tatsächlich anfingen, an ihrem Leichentuch zu nagen. In Zeiten der Pest oder anderer Seuchen dürften derlei vorschnelle Bestattungen sicher nicht selten vorgekommen sein. Allerdings kann auch diese These kaum für die große Verbreitung und die hohe Zahl solcher Berichte herhalten.

Im berühmt-berüchtigten *Hexenhammer* (*Malleus maleficarum*), der so vielen Menschen Folter und Tod einbrachte, findet sich die Schilderung einer ungewöhnlichen Maßnahme gegen die Pest, die nach Aussage eines Volkskundlers die früheste bekannte Erzählung über das Nachzehren ist. Sie ist aber beileibe nicht die einzige dieser Art, vielmehr ließen sich etliche vergleichbare Geschichten aus dem 16. Jahrhundert und später hier ebenfalls anführen.

Einer von uns Inquisitoren fand einen Ort, der infolge der Sterblichkeit unter den Menschen fast verödet war. Dort ging das Gerücht, dass ein begrabenes Weib das Leichentuch, in welchem sie begraben war, nach und nach verschlänge und in den Bauch aufnähme. Nachdem ein Rat darüber abgehalten war, gruben der Schulze und der Vorsteher der Gemeinde das Grab auf und fanden fast die Hälfte des Leichentuches durch Mund und Hals hindurch bis in den Bauch gezogen und verzehrt. Als der Schulze das sah, zog er in der Erregung das Schwert, schlug der Leiche das Haupt ab und warf es aus der Grube, worauf die Pest plötzlich aufhörte.

Während die einen (darunter auch wir) sagen, der Nachzehrer unterscheide sich vom schlichten Wiedergänger unter anderem dadurch, dass er die Lebenden aus reiner Bosheit heimsuche, und weil er es den Lebenden nicht gönne, noch am Leben zu sein –, erklären andere, dem Nachzehrer fehle jegliche Bosheit. Allein an diesen entgegengesetzten Ansichten zeigt sich, mit welch einem schwammigen Gebiet wir es zu tun haben und wie wenig sich die (Un-)Totenwelt klar definieren lässt. So sind wir zwar nicht die Einzigen, die den Nachzehrer als einen weit engeren Verwandten des Vampirs ansehen als etwa den Ghul und den Zombie, dennoch lassen sich auch deutliche Unterschiede zwischen den beiden Wesen herausarbeiten. Da sie dabei hilfreich sind, den Charakter unseres eigentlichen »Helden«, des Vampirs, noch einmal genauer zu umreißen, wollen wir sie hier kurz skizzieren.

Zum einen kann es ja schon zu Lebzeiten durch verschiedene Umstände, negative Handlungen, Zaubereien oder Reden angelegt sein, dass ein Mensch nach seinem Tod zu einem Vampir wird. Beim Nachzehrer wird Derartiges – sieht man einmal vom doppelt saugenden Kind ab – eher selten erwähnt. Weiterhin erschafft der Vampir, indem er Menschen quält, gewissermaßen »Ableger« seiner selbst; der Nachzehrer und auch der Wiedergänger hingegen nicht. Drittens hat der Vampir eher selten, aber der Nachzehrer und Wiedergänger eine sexuelle Seite. Er ist ein geschlechtliches Wesen und besitzt obendrein so etwas wie eine Seele, während der Nachzehrer nicht viel mehr als eine schmatzende und saugende und zehrende Hülle ist, die – und das ist ein weiterer wesentlicher Unterschied – in der Regel brav in ihrem Grab liegen bleibt, während der Vampir auf der Erde umherschweift. Daraus folgt auch, dass Wiedergänger und vor allem Nachzehrer die Menschen auf eine andere Art töten als der Vampir. Thomas Schürmann, der sich ausführlich mit den Nachzehrern befasste, spricht in diesem Zusammenhang vom »stillen Töten«, da diese Wesen ihren Opfern die Lebenskraft gewissermaßen »in Fernwirkung« oder, um es medizinisch auszudrücken, auf »nicht-invasive Weise« nach und nach absaugen. Dem Vampir

dagegen wird ja nicht nur zuweilen das reale Blutsaugen, sondern auch das Würgen nachgesagt.

Aber gerade an dieser letzten Aussage zeigt sich erneut, wie fließend die Übergänge sind, denn wir hörten ja bereits mehrfach, dass auch Opfer der Vampire nach und nach dahinsiechen, immer bleicher und lebloser werden, bis sie eines Tages tot sind. Der Weg zum stillen Töten ist also nicht gar so weit.

Wie Schürmann erklärt, flossen in den Nachzehrerglauben irgendwann Elemente des östlichen Vampirglaubens ein, wobei nicht klar ist, ob in unseren Breiten bereits früher ein solcher Glaube – in welcher Form auch immer – bestand. Die Vermischung ist schon dadurch nicht mehr klar bis zu ihren einzelnen Strängen zurückzuverfolgen, weil das Wort »Vampir« erst mit dem Aufkommen der Vampirliteratur ein klar umrissenes Wesen bezeichnete, während es zuvor eine ganze Reihe von Namen für vielleicht nicht ganz identische Wesen gegeben hatte, die dann mehr oder weniger miteinander verschmolzen. Welche Vorstellung die ältere ist – die vom blutsaugenden Wesen oder die des Nachzehrens im Grab –, wird sich vermutlich ebenso wenig klären lassen, wie es jemals eine genaue Definition der genannten Untoten geben wird oder, besser, jemals geben *kann*.

Es ist im Übrigen vollkommen klar (und wir sagten es bereits), dass viele Vorstellungen von Hexen mit denen identisch waren, die man von den Vampiren und übrigens auch den Werwölfen hatte. Manche Forscher sind sogar der Ansicht, dass die Vampire erst nach dem Ende der Hexenverfolgungen ihre eigentliche Hochzeit erlebten, also gewissermaßen in die Fußstapfen der Hexen traten. Demnach hängte man jetzt ihnen all das an, was man zuvor den Hexen nachgesagt hatte. Gegen diese Theorie spricht allerdings die Tatsache, dass wir schon aus weit früherer Zeit Berichte über vampirähnliche Wesen besitzen – so vom englischen Chronisten und Theologen William von Newburgh, der im 12. Jahrhundert lebte. Er erzählt von einem Gespenst, das ein großes Sterben in der Umgegend verursachte. Schließlich öffneten zwei Brüder das Grab eines verdächtigen Verstorbenen und fanden den Leichnam aufgedunsen vor, mit rotem Gesicht, einer Wunde, aus der Blut floss (»woraus man ersehen konnte, dass er das Blut von vielen ausgesogen hatte«), und mit zerrissenem Leichentuch. Zu dem Zeitpunkt aber konnte von einem Ende der Hexenverfolgungen noch keine Rede sein; tatsächlich begannen diese – zumindest systematisch und in größerem Stil – ja erst Jahrhunderte später. So lehnen denn auch etliche Wissenschaftler die »Erb-Theorie« strikt ab.

Wie dem auch sei, jedenfalls wurden die Vampire – genau wie die Hexen – vielerorts für Dürren, Missernten und Viehsterben verantwortlich gemacht. Wie die Hexen sollen sie durch den Schornstein in die Häuser gelangen. Wie die Hexen benutzen sie Menschen des Nachts als Reittiere, und wie die Hexen können sie sich in jeden denkbaren Gegenstand und jedes Tier verwandeln, mit Vorliebe aber in solche, die auch den Hexen nahestehen. Nicht umsonst sollen schließlich aus der Verbindung von Hexen mit Werwölfen Vampire hervorgehen. Wir sahen schon, dass auch Vampirmärchen sehr oft Elemente enthalten, die man sonst aus Geschichten über Hexen kennt, und nicht zuletzt gleichen sich die Maßnahmen und Mittel, mithilfe derer man sich gegen die einen wie die anderen zur Wehr zu setzen und zu schützen versuchte.

Aber bevor wir zu diesen Maßnahmen übergehen, gilt es, ein Schlusswort zu all den genannten Wesen und ihrer Beziehung zum Vampir zu sagen: Kein Einziges von ihnen weist das vielleicht charakteristischste Merkmal des Vampirs auf – sein »Ansteckendsein«, also seine Fähigkeit, auf welche Weise auch immer, weitere Vampire zu »machen«. Weder der Zombie noch der Ghul noch der einheimische Nachzehrer oder Wiedergänger sind dazu imstande. So bleibt also festzuhalten, dass es zwar eine Reihe von Untoten und anderen unheimlichen Wesen gibt, die fraglos wesentliche Züge mit dem Vampir gemeinsam haben – aber eben doch keine Vampire sind.

Verflucht bist du, du bist verflucht: Schutz und Abwehr

Im Internet kursiert ein Vampir-Bildwitz von Rudi Hurzlmeier, in dem ein normaler Friedhof zu sehen ist. Alles wirkt ruhig und friedlich: auf dem linken Grab Blumen, auf dem rechten Grab Blumen, auf dem mittleren, dessen Grabplatte mit Eisenbändern am Boden festgemacht ist, liegen zwei dicke Steinblöcke, die auch noch mit Ketten verankert sind.

So drollig das uns heutigen Menschen erscheinen mag, Menschen früherer Jahrhunderte hätten kaum darüber gelächelt. Denn so etwas tat man wirklich. Die Furcht, die lieben Verstorbenen könnten mit bösen Absichten wieder aus dem Grab auferstehen, scheint uns seit jeher in den Knochen zu stecken. In vorgeschichtlichen und auch aus späterer Zeit datierenden Gräbern fand man nämlich hin und wieder Leichen (oder eher deren Überreste), die auf recht unnormale Weise bestattet waren, beispielsweise auf dem Bauch lagen. Eine wahrscheinliche Erklärung hierfür ist, dass man auf diese Weise den Toten daran zu hindern hoffte, aufzuerstehen und die Lebenden zu quälen (liegt er auf dem Bauch, kann er sich ja höchstens immer tiefer in die Erde graben, was einem nur recht sein kann – nach oben aber findet er nicht).

Eine weitere Theorie besagt, dass man sich vor dem bösen Blick des Toten fürchtete und ihn deswegen mit dem Gesicht nach unten ins Grab legte. Manche Forscher wiederum sind der Ansicht, dass eine solche »verkehrte Bestattung« auch eine Form von Bestrafung darstellte.

Von der Vorstellung, man müsse dem Toten etwas zu tun geben, womit er derart beschäftigt ist, dass er nicht wiederkehren kann, hörten wir schon, und entsprechende Grabbeigaben sind zahlreich belegt. So bekamen Verstorbene Erbsen, Sand oder Mohnsaat ins Grab: dann hatten sie was zu zählen. Denselben Zweck erfüllte ein Netz, dessen Maschen der Tote ebenfalls zählen oder aber Knoten für Knoten wieder aufpulen musste. Angeblich schafft ein Toter pro Jahr nur eine Erbse, ein Korn, eine Masche abzuarbeiten – woraus sich leicht abschätzen lässt, welch lange Schonzeit man sich etwa mit einem Scheffel Erbsen oder einem Eimer Sand erkaufen konnte. Mitleidige Seelen waren allerdings der Ansicht, dass ihren dahingegangenen Lieben so eine öde und qualvolle Arbeit nicht zuzumuten sei, und nahmen von derlei Maßnahmen Abstand.

Möglicherweise dienten Grabbeigaben wie Erbsen, Getreidekörner oder auch Münzen ursprünglich in erster Linie dazu, den Toten in der anderen Welt mit Nahrung beziehungsweise – so wie im alten Griechenland – mit dem nötigen Fahrgeld für die Überquerung des Totenflusses zu versorgen. Dennoch steckte hinter einem solchen Brauch wohl auch der Gedanke, dass der Tote sich andernfalls wieder an seine Verwandten wenden könnte.

In späteren, nachchristlichen Zeiten bekamen Verstorbene Erde in den Mund oder einen Stein, oder man klemmte ein Brett so unter ihr Kinn, dass sie den Mund nicht mehr öffnen und also weder schmatzen noch ihre Kleidung aufzehren konnten. Eine weitere Methode, einen Menschen vom Wiedergehen abzuhalten, war, ihm die Nasenlöcher mit Erde oder Weihrauch zu verstopfen, einen sogenannten »Lukassegen« (am Tag des heiligen Lukas gesegnete, mit einem Segensspruch beschriebene Zettel) oder Erde auf die Brust oder unter den Kopf zu legen, oder ihm einen Dorn vom Weißdorn unter die Zunge zu stecken.

Aber was ein rechter Vampir ist, den dürfte, Zähltick hin oder her, Kinderkram wie Erbsen-, Sand- oder Mohnkörnerzählen nicht allzu lange von seinem Treiben abgehalten haben. So mussten also weit drastischere Maßnahmen her, wenn man wirklich auf Nummer sicher gehen wollte.

Angesichts von bestatteten Skeletten, die mit einem durch den Schädel getriebenen Nagel gefunden wurden, kommt man der Furcht vor Vampiren schon weit näher. Aber auch hier wäre neben der Vorstellung, dass dieser Nagel den Leichnam in der Erde festhalten sollte, denkbar, dass es sich dabei um eine üble Bestrafung bzw. Hinrichtungsmethode handelte.

Deutlicher weisen Funde von Skeletten oder auch Gräbern, die mit Steinen oder ganzen Steinhaufen beschwert waren, auf einen Zusammenhang mit der Angst vor dem Wiedergehen hin – woran deutlich wird, dass der eingangs erwähnte Bildwitz keineswegs aus der Luft gegriffen ist. In Irland etwa kann der verwunderte Reisende an verschiedenen Stellen des Landes riesige Steinhaufen bestaunen, unter denen teilweise Quellen murmeln, die in (natürlich nachträglicher) Verbindung mit dem einen oder anderen Heiligen verehrt werden. Jeder, der vorbeikommt, fügt weitere Steine hinzu. Wer weiß, ob auch nicht diesem Brauch letztlich die Furcht vor einem an dieser Stelle ermordeten oder sonstwie zu Tode gekommenen Menschen zugrunde liegt, der am Wiedergehen gehindert werden sollte. Dergleichen ist jedenfalls für Norwegen eindeutig belegt.

Eine weitere Methode, einen Leichnam festzuhalten, war, einen Baum auf seinem Grab zu pflanzen. Wenn der Baum gesund wuchs, fesselten die Wurzeln den Toten an seinen Platz. War das aber nicht der Fall – kümmerte der Baum also oder wuchs er im Gegenteil zu schnell –, war dies für die lebenden Verwandten ein Zeichen, dass mit ihrem lieben Verstorbenen irgendwas nicht stimmte.

Steine, Bäume oder aus Pappelholz gefertigte Kreuze waren vielen aber ein immer noch zu unsicheres Mittel, und so kam denn, wenn es um Tote ging, die man für Vampire, Hexen, Wiedergänger oder Nachzehrer hielt, häufig der berühmte zugespitzte

Pfahl zum Einsatz. In manchen Gegenden wurde die Spitze des am besten aus Eiben- oder Weißdornholz bestehenden Pfahles zusätzlich mit Knoblauch eingerieben und dann der Leiche ins Herz gestoßen. Eine Variante war, den Stab durch den Nabel zu treiben oder aber das Herz herauszuschneiden. In den meisten Fällen wurde dem Toten mit einem eisernen Gegenstand, am häufigsten mit einem Spaten, außerdem der Kopf abgeschlagen und entweder anschließend zwischen seine Füße gelegt oder jedenfalls durch Erde vom Rumpf getrennt. Doch nicht einmal der Pfahl war wirklich unfehlbar, wenn es darum ging, einen Vampir ein für alle Mal unschädlich zu machen. Es sind Fälle überliefert, wo sich der Untote über derlei Maßnahmen lautstark mokierte.

Im Jahr 1337 soll ein Viehhirt, der als Vampir umging, gerufen haben, als man ihm einen Pfahl durch den Leib rammte: »Ihr meint Wunder, was ihr mir für einen gewaltigen Possen gerissen, indem ihr mir einen Stecken gereicht habt, womit ich mich desto besser der Hunde erwehren kann!«

Daher war es allemal besser, den Körper zu zerstückeln, anschließend vollständig zu verbrennen und die Asche in alle Winde oder in ein Gewässer zu streuen. Erst dann konnte man wirklich sicher davon ausgehen, dass die umgehende Seele keinen

Wohnplatz mehr hatte und sonstwohin verschwand. Nicht selten wurde anschließend gelöschter Kalk in die Gräber geschüttet, um wirklich restlos alles »auszulöschen«. Immer wieder wurde ausdrücklich betont, dass selbst noch das letzte Knöchelchen verbrannt werden musste, da sonst der Vampir sich hätte erneuern können. Viele stellten sich in den dabei entstehenden Rauch, weil er als Übel abwehrend galt. Auch gab man die verbleibende Asche Kranken mit Wasser vermischt zu trinken.

Dieser letztere Brauch ist in ganz Europa über viele Jahrhunderte belegt. Das Folgende ist ein typisches Beispiel:

Im Jahr 1591 schnitt sich ein Schuster in einer berühmten schlesischen Stadt [gemeint ist Breslau] die Kehle durch. Die Ursache des Selbstmordes war unbekannt. Seine Frau verband die Wunde und erzählte, er sei am Schlage gestorben.

Nach sechs Wochen begann man sich in der Stadt zu erzählen, dass ein Gespenst in der Gestalt des Schusters die Schlafenden quäle und drücke. Zugleich verbreitete sich das Gerücht, der Schuster sei durch Selbstmord gestorben. Die Verwandten widersetzten sich der Ausgrabung der Leiche; das Gespenst warf sich weiter auf die Betten der Schlafenden, hängte sich ihnen an und versuchte, sie zu erwürgen, und drückte sie dabei so stark, dass man am Morgen noch bleiche Flecken und sogar noch deutliche Fingerspuren sah.

Endlich setzte das geängstigte Volk die Ausgrabung der Leiche, die vom 22. September 1591 bis 18. April 1592 im Grabe gelegen hatte, durch. Man fand den Toten unversehrt, stark aufgebläht, die Haut der Füße war abgefallen, aber darunter neue gewachsen. An der großen Zehe des rechten Fußes sah man einen Auswuchs, der einer Rose glich. Nach vierundzwanzig Stunden begrub man den Leichnam wieder, aber an einer für Unehrliche bestimmten Stelle. Doch das Gespenst trieb sein altes Spiel, bis man dem Toten am 7. Mai 1592 Kopf, Glieder, Hände und Füße abtrennte und den Rücken öffnete. Da fand man das Herz unversehrt, wie bei einem frisch geschlachteten Kalbe. Die Leiche wurde auf einem Scheiterhaufen von sieben Klaftern Holz verbrannt. Über Nacht bewachte man die Asche, damit sie vom Volke nicht zu verbrecherischen Handlungen aufgelesen werden könnte; am folgenden

Morgen warf man sie in einem Sacke in den Fluss. Da erst kehrte wieder Ruhe ein.

Nicht immer aber wusste man, wer es nun war, der einen des Nachts plagte – oder vielleicht erst vorhatte zu plagen –, weswegen die beschriebenen Radikalmaßnahmen nicht angewandt werden konnten, und so schützten sich die Menschen eben, so gut es ging. Knoblauch und Kreuz sind inzwischen zur Genüge als Abwehrmittel bekannt. Am besten sollte (doppelt gemoppelt hält schließlich besser) das Kreuz selbst aus Knoblauch bestehen oder mit Teer bestrichen sein. Mit Knoblauch müssen alle Öffnungen des Hauses, Türen, Fenster, Schornsteine und Kamine, eingerieben und umkränzt werden – und zwar besonders in den schon erwähnten »Vampirnächten«, denen des Georgs- und des Andreastages sowie allen Nächten um den Vollmond.

Aber Knoblauch und Kreuz sind längst nicht alles, was Vampire und Wiedergänger fürchten oder doch wenigstens verabscheuen. Auch Dorngestrüpp vor dem Haus oder eine neben der Tür befestigte beziehungsweise hingelegte Axt sollen helfen, die Unholde fernzuhalten. Überhaupt »panzerte« man sich und sein Haus mit allem, was an Eisernem greifbar war: Nägeln in den Türpfosten, Hufeisen, Scheren, Sicheln und Messern am und im Bett, am besten unter dem Kopfkissen – und zwar das Messer mit der Schneide nach außen und die Schere aufgeklappt: eine nicht unbedingt zum Nachahmen empfohlene Maßnahme! An besonders gefährlichen Tagen empfahl es sich auch, soviel wie möglich im Haus umzudrehen oder auf den Kopf zu stellen und sich obendrein verkehrt herum ins Bett zu legen.

Wenn abends unerwartet jemand an die Tür klopfte, so öffnete man nicht etwa gleich, sondern wartete darauf, dass der draußen Stehende sich dreimal mit derselben Frage, also etwa: »Ist jemand zu Hause?«, meldete. Erst dann machte man ihm auf, weil man wusste, dass Vampire eine Frage immer nur zweimal stellen können. Wenn man sich nun sicher war, dass vor der Tür in der Tat ein Vampir wartete, versuchte man, ihn mit Lärm zu vertreiben. Man

schlug also auf eiserne Töpfe, läutete mit Glocken, spielte, was das Zeug hielt, auf Instrumenten oder feuerte Gewehre ab.

Für den Fall aber, dass man unterwegs unerwartet einem Vampir begegnete, sollte man sich rechtzeitig, und zwar am besten am Georgstag, einen Haselstab schneiden und im Bedarfsfall sofort neben sich in die Erde stecken. Der Vampir konnte einem dann nichts tun. Stach man ihn dagegen mit einer Heugabel, verlor er zumindest für sieben Jahre seine Macht, als Vampir zu wirken; so wussten es jedenfalls die Rumänen.

An dieser Stelle sollte ausdrücklich darauf hingewiesen werden, dass der Glaube an echte Vampire keineswegs seit Jahrhunderten ausgestorben ist und wir also auch nicht die ganze Zeit von »alten Kamellen« reden. Zum Beweis dafür seien hier nur drei Beispiele angeführt. Das erste stammt vom Ende des 19. Jahrhunderts und betrifft einen Fall aus Danzig, wo ein Mann einen Totengräber mit Schnaps bestach, damit er das Grab seines Vaters wieder öffnete. Dann schlug er dem Vater den Kopf ab und warf diesen ins Gebüsch.

Die Sache wurde ruchbar und untersucht. Der Mann gab an, auf Geheiß des sterbenden Vaters gehandelt zu haben, der der festen Ansicht gewesen sei, ein Vampir zu sein. Der Mann war nach dem Tod seines Vaters nach eigenen Angaben sehr krank, aber sobald er den Wunsch des Vaters erfüllt hatte, wurde er wieder gesund. Die Beteiligten wurden, wie es in dem Bericht heißt, zu »kleineren« Gefängnisstrafen verurteilt.

Die zweite Geschichte stammt vom Ende der sechziger Jahre des 20. Jahrhunderts und ist das (von uns übersetzte) Direktzitat einer nach Ontario (Kanada) ausgewanderten Kaschubin:

Als wir auf dieser Farm waren, kam etwas zu meiner Tochter. Etwas kam in der Nacht und sog Blut aus ihrem Arm. Es war ein Vampir. Es kam nachts zu meiner Tochter und sog Mark aus. Da war ein Zeichen. Ein Ring war zu sehen. Sie war schwach und hatte all ihr Blut verloren. Später heilte es … Haben Sie je von so was gehört? Wir haben niemandem ein Sterbenswörtchen davon gesagt. Wir haben auch nichts unternommen. Sie war überhaupt nicht krank. Sie war einfach eine ganze Weile lang schwach, wissen Sie. Sie war vielleicht fünfzehn oder sechzehn damals. Wir hielten das geheim. Wir sagten es nie jemandem.

Schließlich sei ein Fall erwähnt, der sich erst im Jahr 1973 in England zutrug und in der *Times of London* geschildert wurde. Ein bereits seit 25 Jahren in England lebender polnischer Immigrant war gestorben, weil er an einer Knoblauchzehe erstickt war.

Das erinnert zunächst einmal an die unglückselige Fischgräte, aber der Fall liegt doch sehr anders. Der Mann war nämlich *nachts* daran erstickt, und zwar, weil er sich diese Zehe, um gegen Vampire gefeit zu sein, vor dem Einschlafen in den Mund gesteckt hatte. Damit nicht genug, hatte er zur Verbarrikadierung aller Körperöffnungen Päckchen mit Salz auf den Kopf und zwischen die Beine sowie neben sich auf das Laken gelegt und im ganzen Zimmer Salz verstreut. Man fand außerdem Knoblauch auf seiner Fensterbank und in seinem Schlüsselloch.

Nun, dieser Knoblauch war schließlich sein Schicksal. Man könnte auch sagen: Er hat ihm nicht gegen seine Vampire geholfen. So ist es mit allen ach so kläglich ersonnenen Abwehrmaßnahmen: Wenn ein Vampir es wirklich auf einen abgesehen hat, helfen sie letztlich nichts. Wie will man sich auch gegen ein Wesen schützen, das selbst durch Fensterritzen schlüpfen kann und das nur durch Enthauptung und anschließendes Verbrennen wirklich unschädlich zu machen ist? Gegen ein Wesen, das sonst bis in alle Ewigkeit nicht zur Ruhe kommt …?

Meine Ruh ist hin, mein Herz ist schwer ...

oder: Sind Vampire glücklich?

Es gibt Wesen wie die Elfen, die man direkt beneiden könnte: Sie wohnen in Rosenblüten, tändeln mit den Libellen, ernähren sich von Tau und Nektar und sind zwar ein bisschen zänkisch, ansonsten aber augenscheinlich rundum glücklich und zufrieden. Ein solcher Eindruck aber ergibt sich bei keinem der Wesen, die wir hier besprochen haben. Keines von ihnen wirkt so, als ginge es ihm so richtig rundum gut und als wünschte es sich kein anderes Los oder Dasein.

Vielmehr sind sie alle in irgendeiner Weise umgetrieben, sie haben und finden keine Ruhe. Sie dürfen nicht in Frieden den letzten Schlaf schlafen, sondern sie müssen raus – raus in eine Welt, die ihnen entweder ein Unrecht getan hat oder der sie selbst ein Unrecht zugefügt haben. Oder an die sie aus irgendeinem anderen Grund noch gefesselt sind oder mit der sie noch eine Rechnung zu begleichen haben. Selbst der Werwolf, wiewohl ja nicht wie die anderen untot, muss des Nachts hinaus aus dem warmen Bett, um sich zu verwandeln und sein Unwesen zu treiben. So recht vergnügt wirkt er dabei – sieht man von Jack Nicholson und Konsorten einmal ab – eigentlich auch nicht.

Die Vampire, die durch »Ansteckung« oder Vererbung oder andere unglückliche Umstände zu dem wurden, was sie sind, und die nun einfach wegen ihres Blutdurstes oder schlicht aus Hunger ihr Grab verlassen müssen, scheinen ebenfalls nicht so richtig glücklich zu sein – allen anderslautenden Filmen zum Trotz. Betrachtet man die Vampire der Anne Rice, wird klar, dass sie denselben Eindruck hat.

Abgesehen von dem ach so flüchtigen, selig-wollüstigen Augenblick des Bluttrinkens, sind sie unentwegt damit beschäftigt, sich neue Opfer zu suchen, Eingänge in deren Wohnungen auszukundschaften und nach möglichst geschützten Unterschlüpfen Ausschau zu halten. Von rauschenden Ballnächten erzählen lediglich so kindlich nette Filme wie Polanskis *Tanz der Vampire*. Vampire sind, mit anderen Worten, irgendwie ständig auf Achse. Andere Untote oder Wiedergänger verbringen ihre Zeit damit, die Aufmerksamkeit der Lebenden, mit denen sie noch irgendwelche Händel haben, auf sich zu lenken – man denke etwa an den Film *Ghost*. Nächtliches Klopfen und Stöhnen und verschobene Möbel gehören zu ihrem Standardrepertoire. Tatsache ist also, dass sie alle so lange aktiv sein *müssen*, bis sie in irgendeiner Weise »erlöst« werden.

Die Möglichkeiten, eine solche Erlösung herbeizuführen, sind ebenso vielfältig – und für Außenstehende vielleicht nichtig – wie die Gründe, die die Toten noch an das Leben fesseln. Neben dem ungesühnten Unrecht wird eine Flut von teilweise lächerlich nichtigen Gründen genannt, warum Tote keine Ruhe im Grab finden: Eine alte Frau wollte noch zu Lebzeiten die Hochzeit ihres Sohnes miterleben, eine andere wollte ein Kreuz auf dem Grab haben. Ein Dritter hatte darauf bestanden, dass sein Sarg aus einem bestimmten Holz gefertigt würde, eine Vierte wiederum darauf, dass ein bestimmter Baum an ihrem Grab gepflanzt werden solle. Einem anderen zog man seine geliebten Ringe vom Finger und er besuchte allnächtlich diejenige, die sie ihm genommen hatte, bis er sie wieder bekam.

Diese Liste ließe sich beliebig fortsetzen. Immer aber wird deutlich, dass die Ordnung der Welt auch in den Bereich des Todes hineinwirkt, dass Versprechen über den Tod hinaus eingelöst werden müssen und dass das Recht stets siegen muss. Die Toten sorgen schon dafür, indem sie diejenigen, die sich nicht daran halten, heimsuchen und peinigen. Nicht umsonst ist bei uns schließlich auch noch der Spruch gang und gäbe, dass sich der oder jener im Grabe umdrehen würde, wenn ... Das Wiedergehen ist den

Wiedergängern aber durchaus kein Vergnügen, sondern, so schreibt es ausdrücklich ein volkskundliches Werk, »eine Qual«.

All die genannten Gründe treffen zwar auf die Vampire nicht zu und ihre »Erlösung« kann nur im Zuge der völligen Vernichtung erfolgen, dennoch ist das untote Leben auch für sie kein reines Amüsement. Natürlich lässt sich hier einwenden, dass schließlich jedes Lebewesen einen großen Teil seines Daseins damit zubringen muss, sich um das liebe Brot (oder eben Blut) zu kümmern und dabei auch nicht ständig gute Laune ausstrahlt. Aber selbst Tiere vermitteln nicht selten den Eindruck von Zufriedenheit mit ihrem Dasein, etwa, wenn sie gemütlich in der Sonne liegen und dösen oder mit ihren Jungen spielen. Man braucht nur Fischottern zuzuschauen, wie sie sich im Wasser aalen, und weiß: *Die* sind eins mit sich und der Welt. Nicht so die Untoten und Vampire: Ihnen haftet schon wegen der Dunkelheit, die ihr Element ist, etwas Düsteres an, eine Kälte und freudlose Ernsthaftigkeit, eine Melancholie, die sich nicht recht mit hellem Frohsinn und innerer Zufriedenheit vereinbaren lässt.

Es ist mithin im Grunde auf den ersten Blick völlig unverständlich, warum die Vampire eine solche Faszination auf Menschen ausüben, dass sie sich selbst als solche verkleiden, deren Lebensweise nachahmen und die Nacht zum Tag machen. Eine der vielen möglichen Erklärungen könnte darin zu suchen sein, dass gerade junge Menschen ihren eigentlichen Platz im Leben noch nicht gefunden haben – es treibt sie also ebenso um wie die Wesen, die sie nachahmen. Sie möchten sich dem Trott der etablierten Welt nicht fügen, sondern sie umkehren, auf den Kopf stellen. Älteren Menschen werfen junge vor, zu festgefahren zu sein in Ansichten und Lebensweise, zu unbeweglich, zu statisch. Ständige *action* heißt die Devise, Wandel, dauernd etwas Neues erleben, sich nicht an Konventionen halten, spontan sein, von der Norm abweichen; kurz, das tun, was für sie »Leben« bedeutet.

Sie wollen überhaupt nicht zur Ruhe kommen, weil Ruhe für sie gleichbedeutend mit »alt« ist, und insofern ist der Vampir gewissermaßen der symbolische Stellvertreter für alles das, was ihnen wünschenswert erscheint. Hinzu kommt der romantische Ruch des Unheimlichen und, nicht zuletzt, der starke Hauch von Erotik, der enormen Sinnlichkeit, der dem Vampir wohl nicht seit alter Zeit, spätestens aber seit *Carmilla* und *Dracula* anhaftet – und heute mehr denn je.

Der Reiz der Erotik und die Lust an der Qual

Ein Mann lebte sehr gut mit seiner Frau, aber er starb plötzlich, und man hat ihn begraben. Zwei Nächte war Ruhe, erst in der dritten Nacht ist er ins Haus gekommen, schob die Kinder im Bette zur Seite und legte sich zu seiner Frau. Und so besuchte er sie einige Wochen, sodass sie ganz mager und blass geworden ist. Die Leute fragten sie, was mit ihr sei, aber sie antwortete nur: »Ich kann es euch nicht sagen, denn gleich würde ich sterben.«

So ging es weiter, bis einmal eine alte Wanderfrau zu ihr kam und sie um ein Nachtlager bat. »Ich möchte euch, Mütterchen, sehr gern aufnehmen«, sagte die Frau, »aber ihr könnt bei mir nicht nächtigen!«

»Warum denn nicht?«

»Ach, mich besucht mein toter Mann«, sagte die Frau und erzählte ihr alles. Die Wanderfrau sagte dann: »Verstecke mich also unter das Schaffel [großer Behälter für Wäsche], du selbst nimm dein Brautkleid und die Weihnachtkerze und wie du merken wirst, dass er kommt, zünde die Kerze an, kriech auf den Tisch und zieh dich dort an. Er wird dich fragen, wohin du gehen willst. Da sage ihm: ›Ich gehe auf die Hochzeit zur Mutter!‹ – ›Was für eine Hochzeit ist dort?‹ – Sage ihm: ›Der Bruder heiratet die Schwester!‹ – Der Vampir wird darauf sagen: ›Wer hat so was gehört, dass ein Bruder die Schwester heiratet?‹ – Sage ihm: ›Und wer hat so was gehört, dass ein Toter zum Lebendigen kommt?‹ Und dann geh nicht zu ihm, wenn er dich auch ruft!«

Die Frau legte die Kinder schlafen, das alte Weib versteckte sie unter dem Schaffel am Ofen, und dann zündete sie die Kerze an und fing an sich anzuziehen. Da kam ihr Mann, setzte sich an den Tisch und fragte sie: »Wozu ziehst du dich an?«

»Auf die Hochzeit zur Mutter!«

»Auf was für Hochzeit?«

»Der Bruder heiratet die Schwester!«

»Wer hat denn das gehört, dass ein Bruder die Schwester heiratet?«

»Und wer hat das gehört, dass ein Toter einen Lebendigen besucht?«

Darauf sagte er erst nichts, dann aber sprach er: »Komm, dass ich dich küsse!«

»Ich komme nicht!«

»Komm«, sagte er, »dass ich ein Zeichen auf dir lasse!«

»Lass es nicht auf mir, lass es auf dem Tische!«

Er schlug dann mit der Faust auf den Tisch und ein ganzes Stück flog weg. Und dann blies der Wind, riss die Türe auf und nahm den Vampir aus dem Haus auf ewige Zeiten.

Diese für unsere Ohren recht seltsame Geschichte aus Südrussland erinnert mit »Wer hat schon davon gehört, dass …« motivisch an die bekannteste Methode, wie man einen Wechselbalg entlarvt: Man muss etwas möglichst Absurdes tun, wie etwa versuchen, Bier in einer Eierschale zu brauen. Damit bringt man den Wechselbalg dazu, vor Verblüffung den Mund aufzumachen und zu verraten, wer er ist. Ähnliches geschieht hier mit dem Vampir, wobei die Entlarvung und die richtigen Antworten und Sätze bewirken, dass er auf immer verschwindet.

Ähnliche Geschichten sind auch aus anderen Gegenden bekannt, wo der Vampirglaube herrschte. Was uns an dieser Stelle aber am meisten interessiert, ist die sexuelle Komponente, denn sie ist in der Tat Bestandteil vieler überlieferter Vampirberichte. Der Vampir kommt in der Nacht zu seiner eigenen oder auch einer anderen Frau, um ihr beizuwohnen. Die Frau wird daraufhin, so wie Lucy bei Bram Stoker, immer bleicher und schwächer, auch wenn wir von Blutverlust nichts erfahren. Wie mehrfach zu hören ist, sollte mit solchen Vampirgeschichten zuweilen kaschiert werden, dass eine Witwe sexuelle Eskapaden mit irgendeinem Nachbarn hatte.

In diesen nüchternen Erzählungen ist von Wollust und Sinnlichkeit zwar nie die Rede, und doch fühlt man sich an die sogenannten Incubi und Succubi erinnert – die zwar, wir sagten es schon, ansonsten nicht viel mit den Vampiren gemeinsam haben, es aber ebenfalls des Nachts mit den Menschen treiben sollen – und ja, auch an den Teufel und seine schamlosen Gespielinnen, die kein Tabu auslassen. Neben einer lüsternen Fantasie, die zu allen Zeiten die Menschen sich entsprechende Szenarien ausmalen ließ, spielen hier sicher auch die uns allen bekannten »feuchten Träume« eine Rolle, die (da man im Schlaf völlig entspannt ist) nicht selten intensiver sein können als realer Sex. Doch dürften die genannten Gründe nicht ausreichen, das Phänomen des heutigen »sinnlichen Vampirs« zu erklären.

Mag er auch im Gegensatz zu den meisten anderen Untoten von jeher ein »geschlechtlicher« Untoter gewesen sein, ein hocherotischer Traumliebhaber war der traditionelle Vampir mit Sicherheit nicht. Viele Einflüsse spielten im Laufe der Jahrhunderte in sein Bild hinein, bis er zu dem wurde, was er heute für viele junge Menschen in der Hauptsache darstellt: die Verkörperung von Sinnlichkeit und Wollust schlechthin. Wie die vielen Bilder im Internet zeigen, ist der Vampir keineswegs nur männlichen Geschlechts. Mindestens ebenso häufig, wenn nicht gar häufiger, sind die sehr sexy in schwarzes Leder – oder romantisch in wallende Gewänder – gekleideten *Vampirinnen*.

Wir erinnern uns an die eingangs erzählte Geschichte von Carmilla, der lesbischen Vampirin. Wenn Le Fanu eines der heutigen Vampirbilder hätte sehen können, wäre er vermutlich hellauf begeistert gewesen. Er war aber beileibe nicht der Einzige, der männliche Unterwerfungsfantasien, oder, wie ein Forscher es ausdrückt, »Fantasmen der Niederlage« mit einer Vampirin auslebte.

Der polnische Schriftsteller Stanislaw Przybyszewski veröffentlichte im Jahr 1895 eine Erzählung, in der die Vampirin Agaj die Schwester des Opfers ist. Interessant ist außerdem, weil es die Nähe von Vampir und Werwolf zeigt, dass ihr Bruder sie entweder als Frau oder aber als Leopard wahrnimmt. Und wieder wird die schwüle, sinnliche Liebe betont: »Ihre Glieder wanden sich langsam um seinen Körper, zwei schmale Arme umklammerten ihn fest, schmerzhaft fast, und er fühlte die Spitzen zweier Mädchenbrüste sich in seinen Körper hineinglühen. Sein Herz schlug nicht mehr, nur ein greller Sturm der Wollust zerwühlte sein Hirn.«

Die Vampirinnen von damals und auch von heute sind starke Frauen, keine schüchternen Weibchen, sondern machtvolle Todesengel, eine Bedrohung für die Männer und gleichzeitig eben deshalb sehr reizvoll.

Früher glaubten Menschen tatsächlich an die Existenz von Vampiren und fürchteten sich entsetzlich vor ihnen. Heutzutage dagegen ist der Vampir (geschlechtslos gesprochen) zu einem *Traumwesen* geworden, einem Wesen, das oft unausgesprochene, dunkle Wünsche und deren Erfüllung verkörpert.

Trotz aller sexuellen Freizügigkeit unserer Zeit wünschen sich

viele Menschen, oft vielleicht nicht einmal bewusst, sie würden nachts von einem Vampir besucht werden. Natürlich keinem, der sie tötet oder krank werden lässt, sondern einem, der heimlich kommt, ohne erst um Erlaubnis zu fragen. Der einem eine wunderbare Befriedigung verschafft, oder, um es mit Stephen Kings Worten drastisch auszudrücken, einen Orgasmus, der einem das »Gehirn wegpustet«. King bezog sich dabei auf das, was Lucy in Bram Stokers Buch seiner Ansicht nach durch Dracula bekam – und worauf sie letztlich auch aus gewesen sei.

Und das alles, ohne dass man sich gegen den Vampir aus schlechtem Gewissen oder aufgrund der guten Erziehung, die man genossen hat, wehren müsste oder auch nur könnte – weil man sowieso hilf- und wehrlos ist. In den Armen des Traumliebhabers (oder der Traumliebhaberin) möchte man buchstäblich vergehen – also genau das tun, was ein Vampir nach früherer Ansicht tatsächlich bewirkte.

Der Vampir oder die Vampirin sind obendrein Fremde – jemand, dem gegenüber man keinerlei Verpflichtungen eingeht, jemand, der nichts anderes will als Sex. Jemand, mit dem man nicht

am nächsten Morgen müde und mundfaul am Frühstückstisch sitzen muss. Man braucht sich nicht zu fragen, was man eigentlich mit ihm reden soll und welcher Teufel einen geritten hat (ein hier sehr passender Ausdruck!), dass man sich ausgerechnet diesen Typen oder dieses Mädchen aufgerissen hat. Man muss sich auch nicht das Hirn zermartern nach einer Idee, wie man ihn oder sie jetzt am schnellsten wieder loswird. All das also fällt bei dem Traumvampir weg.

Er verkörpert auch die Erfüllung des Wunsches nach einer dominanten Person, die einem jede Entscheidung abnimmt, die genau weiß, was sie will, und einen mit sich fortreißt. Man braucht sich selbst um nichts zu kümmern und man hat keinerlei Handlungsspielraum.

Aus der Türkei ist eine wunderschöne Geschichte überliefert, in der ein Mann, in einen schwarzen Mantel gehüllt, allnächtlich ein Mädchen besucht. Sie darf keine Fragen stellen, sie gibt sich ganz und gar in die Hände ihres mysteriösen Liebhabers, der ihr stets bei seinen Besuchen die Worte sagt: »Du Traum auf meiner Stirne, du Durst auf meinen Lippen, du Kleinod in meinem Herzen, komm, dass ich dich beschütze.«

Ähnlich ist die Vorstellung vom sinnlichen Vampir: keine Schutzmauern mehr um die Seele oder um den Körper, um die eigene Sinnlichkeit. Einfach sich willenlos hingeben an ein Wesen, das einen nicht verrät und nicht im Stich lässt, sondern verlässlich immer wieder erscheint und auf seine eigene Weise besessen nur von einem selbst ist, von niemand anderem – genau so, wie Dracula seit dem ersten Mal, da er ihr Bildnis sah, von Lucy besessen war.

Der Schmerz, der Biss des Vampirs, ist Bestandteil dieser Szenerie, denn zum einen erhöht er die Lust und zum anderen besiegelt das Trinken des Blutes die symbiotisch enge Verbindung – wie bei einer Blutsbrüderschaft. So verlangt auch Dracula von Lucy, dass sie von dem Blut trinkt, das aus seiner Brust fließt. Die Vermischung des Blutes bewirkt, dass man Teil des anderen wird, die Übergänge von »Ich« und »Du« verfließen und die beiden Einzelwesen miteinander verschmelzen. Eine engere Beziehung ist mithin kaum vorstellbar – und sie währt bis zum Tod und noch darüber hinaus. Kann es etwas Schöneres geben?

Mein Liebster im Sarg: Der persönliche Vampir

> Und er wandelt durch die Straßen,
> Schön und bleich und voller Gier,
> Sinnlich über alle Maßen,
> Sucht sein Lebenselixier.

Die Flut an Geschichten, Erzählungen, Romanen, Filmen und Gedichten, deren positive oder negative Helden Vampire sind, lässt sich mittlerweile kaum noch überblicken. Ein Aspekt, der in Büchern bislang aber eher marginal untersucht wurde, sind die Geschichten, die den Puls der Zeit in Sachen Vampire darstellen und vornehmlich im Internet publiziert werden. Sie stammen in der Regel nicht von bekannten Autoren, sondern von Laien, von Menschen jeden Bildungsgrades und Alters – also keineswegs, wie man vielleicht meinen könnte, nur von jungen Leuten. Aber gerade deshalb dürfte das in diesen Geschichten gezeichnete Bild vom Vampir einen guten und authentischen Überblick darüber bieten, was man sich heutzutage bei uns unter einem Vampir vorstellt und welche Eigenschaften man ihm zuschreibt.

Auffallend war nach der eingehenden Lektüre einer großen Anzahl von kurzen und längeren Geschichten zunächst, dass viele Namen von Autoren, darunter sichtlich eine Menge Pseudonyme, weiblich sind. Da gibt es also unter den Autorinnen des »Vampirclubs« eine Leila, Zenobia, Laetitia, Elisabetha, Lady Nemesis und Alisia, aber auch einige, die sich mit vollem – vermutlich meist echtem – Namen nennen.

Zweitens sind auch viele der in den Geschichten auftretenden

Vampire weiblichen Geschlechts, zuweilen, wie ihre männlichen Kollegen, mit Fantasy-, dann wieder mit möglichst romantischen, melodischen Namen ausgestattet, wie etwa Michelle. Es gibt Erzählungen, die in Ich-Form geschrieben sind, wobei das »Ich« der Vampir oder die Vampirin ist, und solche, bei denen das »Ich« das Opfer ist.

Inhaltlich decken die Geschichten eine große Bandbreite an Themen ab, die deutlich die sehr persönlichen Vorlieben, Neigungen, Träume und Wünsche der Autoren und Autorinnen widerspiegeln – ebenso aber auch deren Ängste sowie vermutlich reale Erlebnisse und Probleme wie etwa Schulden, Betrogenwerden, Tod und Leid. Warum sollte es denn auch bei diesen Autoren und Autorinnen anders sein als bei gestandenen Schriftstellern? Im Zusammenhang mit Vampiren sei hier an *die* moderne Vampirautorin schlechthin erinnert, Anne Rice, deren sehr persönliche Geschichte, ihre enge Beziehung zum Blut – ihre kleine Tochter Michelle starb an Leukämie – sie zum ersten ihrer Vampirromane, *Interview mit einem Vampir,* inspirierte oder geradezu *zwang.* »Ich machte sie [Michelle] zu Claudia, dem Kind, das nicht erwachsen werden kann«, sagt sie selbst. Sie hätte sich aber wohl kaum träumen lassen, dass ihr ganz persönlicher, depressiver, melancholischer, »menschlicher« Vampir, ihre Lebenshilfe, zum Prototyp des »neuen Vampirs« werden würde. Obgleich aber der heutige Vampir sehr stark durch Rice geprägt wurde, zeigen die Internetgeschichten deutlich, wie sehr er den eigenen inneren Bedürfnissen und Wünschen angepasst werden kann. Der moderne Vampir ist ein individueller Vampir – und zwar zumeist ein guter.

Geschichten, in denen der Vampir eine negative, böse Gestalt ist, gibt es zwar auch. Sie sind aber vergleichsweise selten. Ebenso finden sich Erzählungen, in denen der Vampir aus Rache oder einem anderen Beweggrund mit unglaublicher Brutalität vorgeht, Körper zerstückelt, Augen ausreißt und dergleichen schreckliche Dinge mehr tut. Doch stellen solche Geschichten zum Glück eher die Ausnahme dar.

Oft, sehr oft, sind Vampire und Vampirinnen Helden im Sinne

von Batman, dem Mann mit den Fledermausflügeln, oder Superman. Sie helfen Bedrängten in der Not, sie retten Leben, sie haben übermenschliche Kräfte und Fähigkeiten. Sie sind mithin das, was sich im Grunde jeder irgendwann einmal zu sein wünscht. Passend dazu sind die Vampire immer gut aussehend, ja geradezu schön und sehr anziehend. Sätze wie die folgenden, aus unterschiedlichen Geschichten, können diesbezüglich als charakteristisch gelten: »Ein Zauber umgab diesen schlanken Mann mit den eleganten Händen eines Musikers, dem man sich einfach nicht entziehen konnte. Eine Zärtlichkeit ging von diesem Blick aus, die mich magisch in einen verderbenden Bann riss.« – »Wie unglaublich gut er aussah. So ganz anders als die anderen.« – »Sie war so schön, so wunderschön. Das Haar – wie ein Goldregen im hellsten Sonnenschein. Ihre Haut, ihr Teint – weiß wie der Schnee. Und ihre Lippen? Ein sanftes Rosa. Niemals zuvor und niemals danach sah ich eine solche Schönheit.«

Nie sind die Vampire klein und rundlich, sondern, wenn überhaupt davon die Rede ist, so wird ihre Größe hervorgehoben. Gleichzeitig wird das Dämonische, Unheimliche an ihnen betont – ihre tiefliegenden, seltsam leuchtenden Augen voll eines geheimnisvollen Feuers, große Blässe, ein von dem »normaler« Menschen abweichendes Verhalten. Hierzu passend sind die düsteren Orte, an denen sie sich im Allgemeinen aufhalten: Kellergewölbe, die Katakomben von Paris (eine übrigens dank Anne Rice häufig als Ort des Geschehens gewählte Stadt) oder verlassene Gemäuer. Sie tragen einen dunklen Umhang (wie Batman und Superman) und oft auch Hüte, die man sich passend zur Zeit, in der viele dieser Internetgeschichten spielen, so vorstellen kann, wie die der Helden in Mantel-und-Degen-Filmen. Anders als moderne Drachen etwa, die durchaus auch lieb und drollig sein können, sind Vampire praktisch nie kindlich, lächerlich oder auch nur »normalmenschlich«. Man kann sich, mit einem Wort, beim besten Willen nicht vorstellen, dass sie auch mal aufs Klo müssen, ihnen die Milch überkocht oder sie auf der Treppe stolpern und sich die Nase einschlagen …

Der nachhaltigste Eindruck, der beim Lesen all dieser Beiträge

entsteht, ist der einer sowohl aufs Gute wie aufs Böse gerichteten Leidenschaftlichkeit. Sie sind ebenso leidenschaftlich in ihren Bemühungen, ein Opfer zu finden, um ihren Blutdurst zu stillen, wie um es zu lieben. Und sie sind darin einfach unwiderstehlich: »Ich versank in seinen Augen und fühlte mich wie hilflos an einem Abgrund stehend gleichzeitig mit dem Gefühl, fliegen zu können.« In der Geschichte von Carola Kickers, der dieser Satz entnommen ist, folgt eine Begründung für das willige Hinschmelzen, die vermutlich hinter vielen dieser Wunscherzählungen steht: »Hierbleiben, in diesen Armen vergessen – den tristen Alltag zu Hause, den eintönigen Job – endlich wieder mich selber spüren ...«

Der Vampir verkörpert die Magie, die dem Alltag fehlt. Er ist der Zauberer (oder die Zauberin), der mittels seines Bisses, mithilfe der geheimen »Magie unsterblichen Blutes« die »dunkle Seite« im eigenen Leben »wieder zum Leben erweckt« und einen in eine andere Welt hinübergleiten lässt – eine Welt weit entfernt von der alltäglichen der Menschen: »Sie glaubte, über der Welt zu schweben, am Mond vorbei in silberne Wolken zu tauchen und auf schwarzen Pferden am Himmel zum Horizont zu reiten. Es war schön und schaurig zugleich.«

Der Biss selbst, das buchstäblich »einschneidende«, das Leben für immer verändernde Ereignis, wird vom Opfer jeweils unterschiedlich empfunden: »Den stechenden Schmerz links, schräg unter dem Ohrläppchen, registrierte er völlig willenlos und das anschließend wohlige Gefühl breitete sich in seinem ganzen Körper aus.« – »Tatsächlich, es tat nicht weh, im Gegenteil, es fühlte sich gut an, nichts hätte schöner sein können.« – »Ein kurzer Schmerz ließ Irina zusammenzucken. ›Was tust du?‹ Sie spürte, dass sie schwächer wurde.« – »Es tat kaum weh, als der Fremde mich erlöste. Ein kurzes Stechen, ein lang anhaltendes, unangenehmes Ziehen, dann wurde mir schwarz vor Augen.«

Weit seltener sind eher negativ besetzte Schilderungen wie die folgende: »Ein unseliges Schmatzen und Saugen in meinen Ohren, während mir die Kraft durch die Adern davonrann, in ihren Mund hinein …«

Sehr viele Geschichten verbinden mit diesem alles entscheidenden Kuss ein geradezu unglaubliches sexuelles Erlebnis und mehr als das: Liebe pur. Alles also, was sich letztlich jeder von uns für sein Leben erträumt. »Er blieb bis zum Morgengrauen, zeigte ihr eine wunderbare Welt der Gefühle.« Frauen verfallen Vampiren, Männer Vampirinnen – unentrinnbar.

Und dann geschieht der Wandel, oft allein durch diesen einen Biss. Weit seltener lesen wir, dass auch das Opfer vom Vampirblut trinken muss, wobei der Vampir es anleitet. »Du musst einfach nur deine Eckzähne an meinem Hals ansetzen und zubeißen, dann musst du nur noch warten, bis das Blut in deinen Mund strömt.«

Dieser Wandel von einem Menschen zum Wesen der Nacht zeigt sich zum Beispiel daran, dass das Opfer plötzlich keine Kreuze mehr sehen mag, Kirchen meidet, die Nacht dem Tag vorzuziehen beginnt und sich für Nachtarbeit entscheidet: »Das Krankenhaus sucht sowieso immer wieder Mitarbeiter, die Nachtdienst machen. Und außerdem hat er am Anschlagbrett gesehen, dass eine solche Stelle in der Blutbank im Labor ausgeschrieben ist …«

Dann wachsen einem die Eckzähnchen und man wird auch in dieser Hinsicht ein »vollkommenes Geschöpf der Nacht«, was die Opfer übrigens weit öfter mit Freude registrieren, als dass sie das Gefühl hätten, »verdammt« zu sein.

»Nun bist du auch ein Vampir. Ich schenke dir einen meiner

Särge, damit dich die nächsten hundert Jahre kein Sonnenstrahl berührt, und morgen Nacht werde ich dir zeigen, wie man jagt. Nun lass uns die Schönheit der Nacht genießen.«

Es gibt zwar auch Autor(inn)en, die nur von peinigender Gier und Überlebensdrang sprechen und davon, dass Vampire diejenigen töten, die sie lieben. Meist aber wird das Vampirdasein vom Vampir selbst als ein angenehmes empfunden, ja sogar als etwas, das *Spaß* macht – und zwar nicht zuletzt deshalb, weil man als Vampir eine unglaubliche Macht besitzt. Hinzu kommt natürlich, dass Vampire in mehrfachem Sinn des Wortes *cool* sind – und das allein gilt heutzutage natürlich als etwas Positives.

Man muss zwar zugeben, dass es Geschichten gibt, die sadistische Tendenzen verraten – ja eine unverhohlene Freude am Töten zum Ausdruck bringen –, die beschreiben, wie sich der Vampir an der Angst seiner Opfer weidet. Aber sie sind weit seltener als diejenigen, in denen die ewige Liebe, die Unsterblichkeit an erster Stelle stehen. Bei anderen Vampiren lautet die Rechtfertigung für das Töten, dass sie die Menschen dadurch von einem sinnlosen, leeren Leben erlösen. Und dort, wo der Vampir als Rächer der Gerechten auftritt, erübrigt sich ohnehin jegliche Entschuldigung.

Selten ist in den Internetgeschichten von den traditionellen Aversionen der Vampire die Rede, und wenn, so spielen sie keine zentrale Rolle. Das wesentliche Motiv ist die Nacht. Dass die Sonnenstrahlen Vampire töten, indem sie sie zu Asche verbrennen oder wenigstens schwächen, ist öfter zu lesen. Knoblauch und Kreuze dagegen werden als weitgehend wirkungslos betrachtet. Viel mehr als das ist darüber nicht zu erfahren. Dass Vampire den Fluss der Zeit ändern, sich in Tiere verwandeln können und dass man sie einzig durch Silberkugeln zu töten vermag, sind Informationen, die man nur in Ausnahmefällen erhält.

Wir sehen also, dass es in diesen Geschichten nicht darum geht, den »historischen« Vampir mit seinen mehr oder weniger bekannten Vorlieben und Abneigungen wiederaufersteben zu lassen. Das ist ganz offensichtlich überhaupt nicht von Belang. Vielmehr schneidert sich jeder seinen eigenen, seinen ganz persönlichen Vampir zurecht, formt ihn nach seinen Wünschen – wobei die Ausgangsbasis oder das »Ausgangsmaterial« ein Geschöpf ist, das die Nacht liebt, von einer geheimnisvollen Aura umgeben ist, sinnlich und leidenschaftlich, das übersinnliche Kräfte besitzt, unsterblich ist und selbst Unsterblichkeit schenken kann.

Zum Abschluss dieses Kapitels soll eine Kurzgeschichte folgen, die zum einen die Selbstverständlichkeit zeigt, mit der Vampire in das tägliche Leben »integriert« werden, und zum anderen im Gegensatz zu fast allen übrigen Geschichten mit einem gewissen Augenzwinkern geschrieben ist. Überraschend ist schließlich auch, dass die Autorin, Joana Angelides, Jahrgang 1950 ist und »im wirklichen Leben« ein Consultingbüro betreibt!

Eigentlich wirkt der Sarg so mitten im Wohnzimmer schon störend. Mir ist das gar nicht so aufgefallen, aber als letzthin meine Mutter zum Kaffee da war, hat sie den Überwurf etwas angehoben und die Haltegriffe bemerkt.

Meine Erklärung, er sei groß und gediegen und ein Schnäppchen, hat sie mit groß aufgerissenen Augen und einer angehobenen Augenbraue quittiert.

Ja, und irgendwie ist er schon sehr groß, aber was soll ich denn machen! Bloody besteht darauf, dass er im Wohnzimmer stehen darf und nicht in das kleine Schlafzimmer verbannt wird. Es stört ihn dort das Heiligenbild an der Wand. Ich kann es aber nicht entfernen, es ist von Großmutter und hing schon immer dort.

Ach ja, Bloody ist meine neue große Liebe. Kennengelernt haben wir uns in der Disco vor ein paar Wochen, und er hat mich dann nach Hause gebracht. Es war Liebe auf den ersten Blick.

Wir haben uns dann die ganze Nacht, zusammengekuschelt auf der Wohnzimmerbank, unterhalten.

Er wusste so viel, hat von vergangenen Jahrhunderten erzählt, von Persönlichkeiten der Geschichte, ich habe nur so gestaunt.

Erst als schon der Morgen graute, ist Bloody gegangen.

Am nächsten Tag trafen wir uns wieder in der Disco. Wie selbstverständlich gingen wir wieder zu mir nach Hause.

Da fiel mir zum ersten Mal auf, dass er seinen Mantel, es war mehr ein schwarzer Umhang, nicht auszog, sondern damit auf meiner Bank im Wohnzimmer Platz nahm.

In dieser Nacht küssten wir uns zum ersten Mal.

Seit dieser Nacht sind wir ein Liebespaar, und Bloody ist bei mir eingezogen. Ich wollte es so.

Ich ließ mir eben diesen Sarg nach Hause liefern. Was erstens in dem Bestattungsinstitut großes Erstaunen hervorrief und außerdem von meiner Nachbarin durch die Vorhänge hindurch sehr misstrauisch beobachtet wurde.

Bloody ist nämlich ein Vampir.

Er wohnte zweihundert Jahre lang in der Gruft einer adeligen Familie im nahen Friedhof, aber dort ist es ziemlich ungemütlich. Der Sarg, in dem er die letzten zweihundert Jahre schlief, ist aus Stein. Außerdem will die Stadtverwaltung dort renovieren, und er müsste sich ein neues Quartier suchen.

Wissen Sie, welche Probleme so ein Zusammenleben mit einem Vampir mit sich bringt?

Jeden Morgen, noch vor Sonnenaufgang, müssen alle Vorhänge in der Wohnung zugezogen werden. Oder der Deckel des Sarges muss geschlossen sein, denn es darf kein Lichtstrahl hineinfinden.

Schwierig wird das nur am Wochenende, wenn Besuch kommt. Dafür haben wir nun die Lösung gefunden, dass Bloody sich in den Sarg legt, und ich schließe den Deckel. Über den Sarg kommt ein dicker Überwurf. Eben jener Überwurf, den meine Mutter anhob.

Es darf sich nichts im Raum kreuzen und natürlich darf ich auch nicht mehr mit Knoblauch kochen!

Der Spiegel im Bad musste abmontiert werden, es darf sich kein Lichtstrahl drin brechen.

Wenn ich abends von der Arbeit nach Hause komme, benütze ich die Hintertüre beim Fleischer und hole mir ein vorbereitetes Päckchen mit Leber und einem Fläschchen Blut ab. Meine Ausreden und Erklärungen sind abenteuerlich!!!!

Aber die Nächte sind unbeschreiblich schön, wir heben ab und fliegen durch das Universum, wir erleben die Erfüllung der Liebenden, und ich möchte diese Nächte nicht mehr missen.

Es ist halt nur schade, dass er erst zum Vampir wurde, als er schon das biblische Alter von 60 Jahren erreicht hatte.

Wie soll ich ihn denn meinen Freunden vorstellen? Als väterlichen Freund mit großen Eckzähnen und einem stechenden Blick aus seinen schwarzen Augen?

Vorige Woche habe ich ein paar weiße Hemden mit Rüschen und weiten Ärmeln gekauft, denn schließlich, Vampir hin oder her, die Hemden muss man waschen!!

Wir haben auch überlegt, ob er eigentlich was arbeiten sollte. Aber was? Er könnte höchstens als Nachtwächter gehen oder in einer Blutbank arbeiten. Aber dann wäre ich ja in der Nacht wieder alleine!

Sein Ansinnen, einmal seine Freunde einzuladen, habe ich abgelehnt. Wo sollte ich so viel Blut hernehmen für die Drinks?

Natürlich bin ich sehr darauf bedacht, dass seine Zähne nicht in die Nähe meines Halses kommen. Denn wer besorgt dann die Nahrung für uns beide und was würde mein Chef sagen, wenn ich nur nachts arbeiten könnte? Ganz zu schweigen von meiner Mutter, die doch so stolz auf mein tadelloses Gebiss ist und über so große Eckzähne sehr erschrocken wäre.

Und schließlich, wer will schon fünfhundert Jahre ein junges Mädchen sein?

Wir haben beschlossen, ein Vampir in der Beziehung ist genug.

Und außerdem ist es ja auch sehr praktisch, wenn man eine Beziehung einfach nur durch Öffnen der Gardinen lösen kann – und es löst sich alles in Staub auf!

Joana Angelides

Psivamps oder:
Auch Vampire gehen mit der Zeit

allo«, schreibt Morgana in einem Hexenforum, »habt ihr vielleicht ein Mittel oder einen Hexenspruch, damit ich den Energievampir vertreibe/loswerde? Er saugt mir nämlich all meine Energie aus, und die brauche ich eben für mich selbst.«

Darauf antwortet Tara: »(*rotwerd* *peinlichst*) Äh Morgana?? Was ist ein Energievampir? Bitte nicht lachen, aber ich weiß es wirklich nicht.«

Obwohl es inzwischen etliche Bücher über Energievampire gibt und Google mehrere Tausend Hits zu dem Begriff ausspuckt, dürfte Tara nicht die Einzige sein, die nicht weiß, was darunter zu verstehen ist. Dabei erklärt sich das Wort im Grunde selbst: Es handelt sich um einen Menschen, der anderen die Energie aussaugt, oder wie es in einem anderen Forum (New Aeon) kurz und knapp heißt: »Der Energievampir ist ein Schmarotzer, der auf Kosten seiner Mitmenschen lebt.« Als Beispiel werden unter anderem Junkies und Alkoholiker angeführt, da diese die Energie der Menschen in ihrem Umfeld aussaugten.

Es ist eine Binsenweisheit, dass sich »schwache« Menschen an starke klammern und von deren Kraft zehren, indem sie diese für sich kämpfen und sich von ihnen mitziehen lassen und stets in deren Windschatten bleiben, um nicht selbst aktiv werden zu müssen. Das betrifft also keineswegs nur Alkoholiker und Fixer. Als Kennzeichen werden etwa angeführt, dass solche Menschen sehr trostbedürftig und leicht beleidigt sind, ständig um Aufmerksamkeit und Zuneigung buhlen, stets im Zentrum des Geschehens stehen wollen, ununterbrochen reden, sich in Krankheiten flüchten und nicht ertragen, dass man sich von ihnen abwendet.

Viele Energievampire lassen sich wegen ihrer schrecklichen Kindheit bedauern, wegen irgendwelcher chronischen und angeblich fürchterlich schlimmen Krankheiten, die sie aber dennoch frisch und munter aussehen lassen; sie jammern und klagen ständig über das eine oder andere und setzen sich wann immer möglich in Szene. Auch umgeben sie sich gern mit jungen Menschen, die natürlich die meiste Kraft haben. Hier wird das Beispiel der Beziehung zwischen alten Männern und jungen Frauen genannt! Energievampire bombardieren ihre Opfer mit E-Mails, Anrufen oder Briefen, sie brauchen sich also keineswegs in räumlicher Nähe zu ihnen aufzuhalten. Ein Energievampir hat selten dauerhafte Freunde oder Bindungen, weil er sie alle mit seinen Forderungen erdrückt oder eben aussaugt, so lange, bis die Opfer die Flucht ergreifen, krank werden oder noch Schlimmeres passiert.

Ein solcher Mensch ist nicht im Gleichgewicht mit sich selbst und benötigt die Kraftreserven anderer, um zu überleben. Er gibt nicht, er nimmt nur, und man kann nicht einmal sagen, dass er es bewusst täte: Es ist vielmehr seine Kraftlosigkeit, seine innere Leere, die die Energie des jeweiligen Opfers wie eine Vakuumpumpe in sich einsaugt.

Ein ganzes Stück weiter geht die Ansicht einer Frau, die schamanische Beratungen und dergleichen anbietet. Sie erzählt von einem jungen Mann, der ihr mittels einer Massage Energie raubte und sich auch bei der zweiten Begegnung bei ihr »anhängte und begann, Energie zu saugen«. Im Weiteren spricht sie vom Energieraub auf eine Weise, die irgendwie an unerlaubtes Abzapfen von Benzin erinnert – und schließt: »Ich gebe gern jemandem Energie, wenn ich darum gebeten werde und es sinnvoll ist. Aber ich lasse sie mir nicht einfach ungefragt wegnehmen!«

Wenn einem selbst nicht bewusst wird, dass man »Wirtsperson« für einen Energievampir ist, sollte man bei folgenden Anzeichen aufmerken: Wenn man sich ständig irgendwie schwach und müde, also buchstäblich »ausgelaugt« fühlt; wenn man sich nicht mehr richtig konzentrieren kann und sich antriebslos fühlt. Natürlich kann es für solche Erschöpfungszustände auch medizinische Gründe geben, daher muss man der Sache sorgfältig auf den Grund gehen. In einem der Foren wurde beispielsweise erklärt, »geladene« Talismane, blitzende Tafeln oder Ähnliches würden ebenfalls an der Kraft zehren, man müsse sie also entladen. Außerdem könnte man es zunächst einmal mit einem anderen Schlafplatz versuchen. Stellt sich aber heraus, dass ein anderer Mensch es ist, der einem die Kräfte raubt, muss man künftig einen großen Bogen um ihn machen, oder, wenn das nicht möglich ist, weil es sich vielleicht um ein Familienmitglied handelt, sich auf andere Weise gegen ihn schützen. In jedem Fall solle man »die eigene Aura reinigen und die Chakren schließen«.

Dorothy Harbour empfiehlt in einem ihrer Bücher dafür eine Reihe von Meditationen. Eine von ihnen besteht darin, sich in einen Raum zurückzuziehen, in dem einen für eine Weile niemand stört, in dem es ruhig ist und in dem man sich wohlfühlt. Nun begibt man sich im Geist an einen Ort, an dem man vielleicht gern wäre und an dem man sich sicher und geborgen fühlt. Hier imaginiert man eine Säule aus purem Licht, »breiter als eine hundertjährige Eiche«. Das Licht ist stark und pulsiert gleichmäßig. In diese Lichtsäule tritt man jetzt ein. Die Strahlen umgeben den Körper und dringen in ihn ein. Und weiter:

Man öffnet den Mund, breitet die Arme aus und lässt das Licht ein. Man spürt, wie die eigene Aura sich auflädt und ebenso strahlend und stark wird wie das Licht. Sie wird breiter und breiter und umgibt einen wie ein schützendes, umhüllendes Ei. Nun fährt man mit der Hand an der Aura entlang und fühlt, ob noch irgendwo eine dunkle, unklare Stelle ist. Falls ja, kämmt man diese Stelle mit den gespreizten Fingern, bis auch sie strahlt und leuchtet. Dabei versichert man sich selbst immer wieder, dass nichts den eigenen Schutzschild durchdringen kann und man gegen alles gewappnet ist.

Bevor man die Lichtsäule wieder verlässt, sucht man den Kontakt mit seinem höheren Selbst, indem man langsam bis an die Spitze der Lichtsäule hinaufschwebt. Oben angelangt, spürt man, wie man mit seinem höheren Selbst verschmilzt. Man sitzt mit gekreuzten Beinen oben auf der Säule und schaut hinab auf das Fleckchen Glück bringende Erde, das man sich ausgesucht hast. Und sieht, wie schön es ist.

Dann löst man sich langsam von seinem höheren Selbst, schwebt wieder hinab und verlässt die Lichtsäule, nachdem man sich noch einmal vergewissert hast, dass die Aura nun vollkommen intakt ist.

Diese Übung empfiehlt Dorothy Harbour zunächst einmal am Tag durchzuführen, später, wenn man merkt, dass die Aura stark genug ist, reiche einmal pro Woche. Irgendwann sollte man sie dann so verinnerlicht haben, dass eine Meditation überhaupt nicht mehr notwendig ist.

Es ist völlig klar, dass eine solche Meditation nicht auf das Abwehren von Energievampiren zu reduzieren ist, sondern, wenn man sie wirklich beherrscht, gegen jede Art von unerwünschtem Einfluss auf unser seelisches Gleichgewicht schützen dürfte. Der Energievampir ist mithin ein neuer Aufhänger für inzwischen aus der Esoterikliteratur nicht mehr wegzudenkende – und durchaus sinnvolle – Auraschutzübungen.

Eine andere Frau, von Beruf Pflegerin, beschreibt im Internet eine ihrer Patientinnen wie folgt: »Der Nagel zu meinem Sarg heißt Josefine.« Sie erzählt, wie sie nach jedem Kontakt mit den Nerven fix und fertig ist. Josefine ist ständig am Jammern, stets ist sie todkrank. Nichts kann sie aufmuntern, alles wird ins Negative gezogen, egal, was die Pflegerin sagt. Spricht sie von ihrer Katze, sagt Josefine, Katzen seien furchtbare Tiere. Sind es die Meerschweinchen, heißt es, die sähen aus wie Ratten. Alle Politiker sind Verbrecher, alle Kinder lästig, alle Frauen Huren und so weiter. Die Pflegerin schließt den Bericht über Josefine mit den Worten: »Das Ganze zehrt an meiner Substanz. Wenn ich bei Josefine bin, kommt es mir vor, als hätte sich irgendwas bei mir angedockt und würde mich aussaugen.«

Man könnte solche Menschen natürlich auch mit ganz anderen Bezeichnungen belegen, aber das Bild des Vampirs scheint uns

durchaus zutreffend zu sein. Der klassische Vampir trinkt das
Blut eines Menschen, um sich zu stärken, auf Kosten der Stärke
dessen, den er aussaugt. Aber ob nun Blut oder Energie oder eine
andere Lebensessenz, bleibt eigentlich gleich, zumal Blut zu allen
Zeiten in den Augen der Menschen weit mehr war, als eine beliebige Körperflüssigkeit.

Es ist ein immer wieder erstaunliches Phänomen, wie die mächti-
gen Wogen der einerseits sehr sanften, aber ebenso beharrlichen
Esoterik jedes nur denkbare bekannte »übernatürliche Wesen«

überrollen und vereinnahmen – nach ihren Vorstellungen wie Dünensand ummodeln und an die jeweils aktuellen Bedürfnisse und Modeerscheinungen anpassen. So gibt es nicht nur den Energievampir, sondern auch den Psivampir, der sich ebenfalls, bildlich gesprochen, »rein vegetarisch« ernährt.

Ein psychischer Vampir ist, wie uns eine unter vielen entsprechenden Internetseiten (die »Online-Vampir-Gemeinschaft«, OVG) aufklärt, »eine Person, welche aufgrund spiritueller Entwicklung imstande ist, von außenstehenden Ressourcen Energie zu nehmen und dem eigenen Organismus zuzuführen. Sie sind nicht imstande, selbst eigene Energie zu produzieren und haben oft nicht die geeignete Kapazität, um diese Energie zu speichern.«

Nach dieser Definition scheinen Energievampire und Psivampire ein und dasselbe zu sein. Vielleicht könnte man allenfalls Erstere als eine gröbere Abart der Psivampire bezeichnen oder aber die Psivampire als einen Oberbegriff bzw. als die »Light-Version« der Energievampire.

Psivampire, auch *Psionisten* oder kurz *Psivamps* genannt, sind nämlich nicht unbedingt hinter der Energie ihrer stärkeren Mitmenschen her, sie können das, was sie zum Krafttanken brauchen, durchaus auch aus der Erde, den Pflanzen, von Tieren oder woher immer beziehen. Was aber nicht ausschließt, dass häufig die lieben Mitmenschen angezapft werden. Die subjektive Empfindung der Erschöpfung oder des Ausgelaugtseins ist bei ihren Opfern wohl nicht so groß wie bei denen der Energievampire, äußert sich vielfach einfach nur in einer gewissen Ermattung, einem Gefühl des »Nun ist es genug« und dem Wunsch nach Ruhe. Oder bei einer bis dahin vergnügten Gruppe von Leuten kippt, sobald ein Psivampir hinzukommt, plötzlich die Stimmung. Die intakte Aura der Opfer wird durch den Psivampir geschädigt oder angegriffen.

Bei Licht betrachtet, dürften die meisten von uns zu den Psivampiren zu zählen sein – denn wer von uns hat es nicht zuweilen nötig, von einer fremden Kraft zu zehren, sich ermutigen oder trösten, von einem Mitmenschen oder der Natur moralisch oder

seelisch »auftanken« zu lassen? Und so gesehen ist der Psivampir wahrlich nichts Böses. Erst wenn das Gleichgewicht wirklich gestört wird, wenn man stets und ständig derjenige ist, der von der Energie eines anderen lebt, wird die Sache bedenklich – und man vollzieht den Schritt zum regelrechten Energievampir.

Während viele, wie die eingangs zitierte Tara, überhaupt nicht wissen, was ein Energievampir ist, haben andere zwar schon davon gehört, wurden aber mit irgendwelchen gruseligen Infos gefüttert, die sie nun in irgendeiner Weise belasten. So fragt Merque (mit dem Rang »Lernender Entdecker«) nach der coolen Eröffnung »Moin, moin« ein wenig naiv im Psiportal für Energievampire, ob jemand schon von diesen Wesenheiten gehört habe. Und fügt hinzu: »Sie sollen, was die materielle Form angeht, auch in der Lage sein, nur per Handdruck unvorstellbare Schmerzen zuzufügen, und sie ›ernähren‹ sich von, wie ich es in meiner Gruppe nenne, ›heller‹ Energie.« Na ja, und sie freue sich auf »eure Antworten«.

Die erste der gewünschten Antworten (von Damo mit dem Rang »Psioniker-Anwärter«) korrigiert Merque und erklärt, dass hier die psychische Ebene gemeint sei. »Also Faktoren, die dich in deinem Selbstbewusstsein und deinem Wohlbefinden schwächen. Das können Menschen, aber auch bestimmte Situationen sein.«

Daraufhin meldet sich ein Gast zu Wort (was meistens schlecht aufgenommen wird) und erklärt, er sei selbst so einer.

Antwort von FirstBorg (Psioniker): »Ja, ich bin auch einer … Und dann wach ich auf und merke, dass die Salami schon seit 2 Monaten abgelaufen ist und ich mir alles nur eingebildet hab.«

Merque reagiert eingeschnappt und wird daraufhin von First-Borg informiert: »Was erwartest du, wenn da einer wie der Gast über mir mit so 'nem Hirnfurz ankommt.«

Nach diesem anfänglichen, typischen Geplänkel geht es dann zur Sache, und die Diskussion kommt in Gang. Die User steuern Erlebnisse bei, die ihrer Meinung nach deutlich machen, was genau Energievampire sind. Wenn also beispielsweise ein Mädchen in der Schule von einem anderen ständig mit Selbstmordankündigungen usw. »heruntergerissen« wird und deswegen anschließend »total fertig und ständig depressiv« ist – dann ist das andere Mädchen ein Energievampir. Als sie, die Autorin des Beitrags, mit der Betreffenden eine Aussprache hatte und sich von ihrem Opfer trennte, wurde die »Vampirin«, mangels eines weiteren Opfers, wieder eine Normalsterbliche, und das depressive Opfer war bald wieder munter wie zuvor.

Abgeschlossen wird der Thread mit zwei (für Normalsterbliche vielleicht etwas schwer verständlichen) Insiderwitzen:

Was sagt ein Energievampir zu einem Lichtarbeiter?
– Ist das hier die Selbstbedienungsbar?

Und:
Was sagt ein Hardcore-Lichtarbeiter nach dem Sex mit einem Energievampir?
– Mann, bist du fett geworden!

Dieser Internet-Thread ist einer von unzähligen, die sich wirklich ernsthaft mit dem Thema Psivampir befassen. Sehr viele sind durch einige wenige Insider geprägt, Dauer-User, die Neulinge mehr oder weniger grob behandeln, anschnauzen oder lächerlich machen, bis sie ganz klein sind oder sich nie wieder zu Wort melden. Die User benutzen teilweise sehr malerische, aus der Fantasy-Literatur übernommene Pseudonyme, und es wird immer und überall deutlich, wie sehr die meisten von ihnen durch Rollenspiele und überhaupt die ganze Fantasy-Kultur geprägt sind.

Das Thema wird, zumindest von den Insidern, nie als Scherz oder nettes Spiel behandelt, sondern äußerst ernst genommen, und viele schlagen sich mit Problemstellungen herum, die Außenstehenden mitunter völlig absurd erscheinen dürften. Wenn man aber bedenkt, worüber sich Theologen – also erwachsene, studierte und, wie man annehmen kann, gebildete Männer – jahrhundertelang den Kopf zerbrochen haben (wie etwa, ob die Engel Verdauung haben), erscheint die Frage, ob Vampire krank werden können, wohl nicht mehr so albern ...

Es geht also längst nicht nur darum, jemandem eine genaue Definition zu liefern. Auf der FAQ-Seite einer Psivamp-Website werden einige typische Außenseiterfragen aufgelistet: Ist psychischer Vampirismus eine Religion? Die Antwort lautet: »Nein.« Gibt es eine Vampirsprache? Die Antwort ist: »Nein, aber es gibt einige ›interne‹ Begriffe.« Zu diesen Begriffen, die in einem Glossar nachzulesen sind, zählen zum einen Wörter, mit denen Jugendliche häufig nichts anfangen können, wie »Dogma« und »Empathie«, aber auch so allgemeine wie »Drache«, die allerdings dann teilweise umgedeutet werden. Drache ist also nicht das uns allen bekannte sagenhafte Wesen, sondern »die dunkle Seite und dunkle Dränge in uns«.

Weiterhin finden sich hier Begriffe aus der New-Age-Esoterik wie »Akasha« und »Karma« und schließlich auch Wörter, die wirklich nur die Vampire betreffen: Ein »House/Haus« ist beispielsweise eine durch gemeinsame Glaubenssätze, Philosophie und Traditionen verbundene Vampirgemeinschaft. Ein »Haven« ist ein Vampirnachtclub oder sicherer Platz (Refugium). Ein »Kitra« ist ein Vampirberater oder -psychologe. Ein »Lifestyler« ahmt den Lebensstil eines Vampirs oder Gothic nach, ist aber nicht notwendigerweise ein Vampir. Eine Erweiterung des »subtilen« (oder »feinstofflichen«) Körpers, die dazu dient, entferntere Energie aufzunehmen, wird als »Tentakel« bezeichnet. Ein psychischer Vampir, der sich einzig und allein von negativer Energie ernährt, ist »symbiotisch«, und gegen jemanden, der sich an einen andocken möchte, um Energie abzusaugen, setzt man die bereits erwähnten »Schilde« ein.

Häufig gestellt wird auch die Frage, wie man erkennt, ob man selbst ein Psivamp ist. Antwort: »An mehreren Indizien.« Beispielsweise, wenn man sich häufig, sobald man allein ist, müde und ausgelaugt fühlt – dagegen unter Menschen frisch und voller Energie ist. Wenn man leicht Sonnenbrand bekommt, oder wenn Menschen um einen herum müde und depressiv zu werden scheinen. Wenn man ständig kalte Hände und ein besonders gutes Geruchs- und Sehvermögen hat. Zu einem Psivamp kann man nicht werden, selbst wenn man es wollte – man wird als solcher geboren. Die Ursache einer solchen Geburt soll ein »lokaler Energiemangel« im feinstofflichen oder subtilen Körper des Psivamps sein:

»Diese Differenz sorgt dafür, dass dein Energiesystem Lücken aufweist. Diese Differenz entsteht oft durch ein zerstörtes oder entferntes Chakra. Es gibt viele unterschiedliche Ansichten in unserer Gemeinschaft, die besagen, dass es etwas damit zu tun hat, dass wir uns in unserem vorherigem Leben dazu entschlossen haben, nach der Reinkarnation teilweise mit dem Wissen des alten Lebens konfrontiert zu werden, um spirituell zu wachsen. Dieser Prozess schloss eine Erweiterung oder Änderung unseres subtilen Körpers mit ein.«

Für manch einen Psivamp erhebt sich die Frage, ob es miteinander vereinbar sei, gleichzeitig getaufter Christ und ein Psivamp zu sein – was mit einem klaren »Ja« beantwortet wird. Ebenfalls für manch einen wichtig ist die Frage, was passiert, wenn man nicht genug Nahrung findet. Wie an den verschiedenen, recht unklaren Erwiderungen deutlich wird, ist die Sache nicht so einfach zu beantworten. Manche erklären, man habe dann einen derartigen Hunger, dass man unabsichtlich irgendwo zu saugen beginnen würde. Oder man fühle sich (verständlicherweise!) schwach und schlapp. Eine weitere Antwort können wohl nur Eingeweihte richtig verstehen: »Du bist/warst ein Magus Psivamp oder Astral Vamp und verlierst die Kontrolle über deinen Wirt, von dem du Besitz ergriffen hast. Oder aber auch, die Fusion zwischen euch ist beendet ... und du treibst in den Äther ab ...« Aber helfen solche Informationen dem hungrigen Psivamp?

Konkreter wird da schon eine spezielle Internetseite über die »richtigen Saugtechniken« – denn Psivampire beißen ja nicht, sie saugen nur. Zunächst wird zwischen Kontaktsaugen und dem »richtungsgebenden Saugen« unterschieden, und schließlich gibt es (für Fortgeschrittene) auch das Saugen über die Psitentakel. Darüber hinaus kennt man verschiedene Levels oder »Ebenen des Saugens«: nämlich das Umgebungssaugen (aus einer Menge, Gruppe oder einem Raum), das oberflächliche Saugen (das Absaugen der astralen oder ätherischen Energie einer Person) und schließlich das tiefe Saugen (an der »Seelenkernenergie« des Opfers).

Das Kontaktsaugen findet über Berührung, Händeschütteln, Küssen und dergleichen oder aber durch Blickkontakt statt. Die »richtungsgebende« oder »Kopf-Herz-Hand-Methode« funktioniert über bestimmte Handhaltungen. Mithilfe der in Richtung auf das anvisierte Opfer pfeilartig aneinandergelegten Hände kann man also beim Einatmen mit geöffnetem Mund von dessen Lebenskraft (*Prana* oder *Chi*) einsaugen. Mit einer anderen Handhaltung kann man aber auch Energie *senden*. Bei der Tentakelmethode schließlich sollte man sich beispielsweise vorstellen, dass man mithilfe hohler Saugröhren, Tentakeln eben, den Spender anzapft und dessen Energie wirbelartig in sich einsaugt.

Wichtig ist aber auch, sich und seine Vampirtriebe unter Kontrolle zu halten:

»Die Dunkelheit darf dich niemals aufzehren. Du bist mehr als dein Hunger und kannst bewusst Kontrolle ausüben und trainieren. Sei nicht gewissenlos. Handle immer mit Bedacht auf Sicherheit. Trinke niemals, weil du glaubst, es würde dich mächtiger machen; trinke, weil es ist, was du tun musst.

Folge deiner Natur, benutze sie aber nicht als Entschuldigung, um jenen zu schaden, welche dich umgeben.«

Da aber nicht jeder Psivamp einer sein möchte, gibt es auch Ansätze, wie man jemanden von seiner »Sucht« heilen kann – und zwar in der Tat mithilfe von Medikamenten! Zunächst muss man herausfinden, wo genau der Hase im Pfeffer liegt, also welche »Emotion« dem betreffenden Vampir abgeht. »Emotionen«, so lautet eine entsprechende Anweisung im Web, »werden durch chemische Vorgänge im Gehirn verursacht. Indem wir feststellen, welche Emotion abgesogen wird, und dann die für diese Emotion verantwortlichen chemischen Substanzen ermitteln, finden wir heraus, *was* der Psivamp tatsächlich absaugt. Diese chemische Substanz ist dann diejenige, die dem Psivamp fehlt und die Störung seines chemischen Gleichgewichts verursacht. Ermittle die Substanz und verabreiche sie dann dem Psivamp.«

Und schon ist Schluss mit dem unfreiwilligen Saugen!

Anhand der Beschreibung, so ein Kommentator dieses Ansatzes, könnte man durchaus vermuten, bei dieser Überlegung habe der Gedanke an Diabetes (wo Insulinmangel durch entsprechende Injektionen ausgeglichen wird) Pate gestanden ...

Innerhalb der Psivampire gibt es etliche »Unterarten«, wie beispielsweise den *sexuellen Vampir* (der seine Energie im Wesentlichen aus dem Sex zieht), den *emotionalen Vampir* und den *elementaren Vampir* (der sich von natürlichen Phänomenen wie Gewittern, Wasserfällen und dergleichen ernährt).

Hier zu erwähnen ist auch der *Cybervampir*, auch kurz CV genannt. Er ist insofern interessant, als er mit die jüngste Vampirart sein und eine zunehmend größere Anzahl von »Mitgliedern« umfassen dürfte. All diejenigen nämlich, die Stunde um Stunde, und zwar vorzugsweise des Nachts, vor dem Computer sitzen und ohne Ende chatten.

»Cybervampire sind äußerlich nicht zu erkennen. Jedoch sind diese Wesen außerordentlich häufig am PC, meist im Internet. Denn nur über das Internet können die CVs Kontakt zu ihren Opfern aufnehmen. Sie sind häufig sehr blass und halten sich so gut wie nie draußen auf. Sonne ist bei ihnen sehr unbeliebt. Direkter Kontakt zu Menschen oder anderen Wesen ist ihnen geradezu verhasst.«

Cybervampire schröpfen ihre Opfer also ausschließlich über das Internet. Sie verursachen bei ihren Chatpartnern unangenehme Gefühle, aber auch extremes Glück oder Wut – also nach Möglichkeit heftige Emotionen, an denen sie dann teilhaben und sich laben. Sie können in das Unterbewusstsein ihrer Chatpartner eindringen und sie auf diese Weise nach ihren Wünschen manipulieren. Sie drücken sich gewählt aus, sprechen oft mehrere Sprachen und sind auch deshalb ihren »Gesprächspartnern« oft überlegen. Werden sie älter und entwachsen sie der Welt der Chatrooms, werden Cybervampire zu gewöhnlichen Psivamps.

Zu erwähnen ist schließlich noch der *Astralvampir*, der, wie eine Kundige in einem Forum erklärt, »sich durch Aussaugen und An-

ziehen niederer physischer menschlicher und tierischer Lebens-
kräfte sowie den Lebensäther, der speziell an Blut oder Sperma
und Schweiß gebunden ist«, ernährt. »Nur so können sie überleben.« Anders als alle eben genannten Arten sind diese Vampire
feinstoffliche Wesenheiten, daher auch Astraldämonen genannt.
Sie werden den Incubi und Succubi früherer Zeiten gleichge-
setzt – wobei die beiden genannten Wesen damit gehörig umgedeutet werden.

Fragt man allerdings richtige »Hardcorevampyre« (dazu gleich
mehr), sind all diese Unterarten des Psivampirs – lässt man den
Astralvampir einmal außer Acht – lediglich »Posers«, Weicheier
und zumeist nicht ernst zu nehmen. Sie sind Möchtegernvam-
pire, also Leute, die nicht den Mumm haben, ihre Wünsche auch
wirklich auszuleben, und sich stattdessen in den seichten Gewässern der Esoterik suhlen, mit selbst erdachten Unterarten und
Spielereien und »Saugtechniken« und derlei kindischem Zeug
mehr sich die Zeit vertreiben, anstatt das zu tun, was ordentliche
Vampire seit alters her tun: Jemanden »anzapfen« und sein Blut
trinken – oder wenn schon nicht das, so doch wenigstens die
Vampirerei wirklich ernst nehmen.

Vampyre und die Gothszene

Der eine kleine Buchstabe »y« bezeichnet also den Unterschied zwischen Spiel und bitterem Ernst. Das »Y« steht, so erfährt man auf entsprechenden Websites, für den alten, den echten Vampir, während Vampir mit »i« eine neuere Schreibweise – und Auffassung – darstellen soll. »Neuer« bedeutet in dem Fall auch eine Hinwendung zum Trivialen, eine Verflachung und Aushöhlung des ursprünglichen Begriffs. Was viele Psivamps treiben, hat, so die Auffassung der Vampyre, mit dem ursprünglichen Vampir nicht mehr viel zu tun.

Die Psivamps ihrerseits sehen die Sache genau anders herum: Reales Bluttrinken sei »niedrig«, roh und prosaisch. Schon früher hätten Vampire (was ja stimmt) nicht so sehr Blut, als vielmehr die Lebensenergie ihrer Opfer abgezapft. Das Ganze ist also mehr symbolisch zu sehen: Das Blut ist der Träger der Lebensenergie des Menschen, seiner Kraft, und an die lässt sich auch auf anderem Wege kommen. So wie viele Vegetarier auf die Fleischesser herabsehen, sehen etliche Psivamps auf die rohen Vampyre herab, die das nicht begriffen haben.

Beide leben aber auch in friedlicher Symbiose miteinander, denn von außen betrachtet gehören beide, mögen sie nun Blut trinken oder Energie, zu den »HLV«, den *Human Living Vampires*. Auch trinken keineswegs alle, die sich zu den Vampyren rechnen, Blut. Worauf es für sie ankommt, ist, dass man den Vampirismus ernst nimmt – wie auch immer das zu verstehen sei – und Vampire und Vampirismus nicht als etwas Negatives betrachtet.

Was genau heutige Vampyre sind, ist eine in einschlägigen Internetforen oft gestellte Frage. In einem von ihnen unterhalten sich zunächst mehrere Laien über dieses Thema, und keiner weiß so recht Bescheid. Der eine behauptet dies, der andere jenes. Da meldet sich schließlich ein Insider namens Harker zu Wort und erklärt, was Sache ist:

»Ja, es stimmt, es gibt Vampyre. Und wir haben keine Wahl, ob wir dieses Leben auch wirklich leben wollen oder nicht. Man ist Vampyr oder man ist es nicht.

Das hat nichts mit einer Krankheit oder Ähnlichem zu tun. Auch stimmt es nicht, dass wir uns nur ein Beispiel an den Vampiren in der Literatur nehmen. Wir besitzen diese Eigenschaften (z. B. besonders gutes Gehör, gute Nachtsicht) einfach, die einen mehr, die anderen weniger. Es gibt selbst in der Subkultur keine einheitliche Definition, was ein Vampyr wirklich ist und was ihn ausmacht.

Und was hier einige behaupten, von wegen nur von Blut ernähren, stimmt auch nicht. Es gibt auch Vampyre, die kein Blut trinken, manchmal sogar gar keins sehen können. Auch sind es in der Regel keine großen Mengen Blut, die man zu sich nimmt, sondern oft nur wenige Tropfen. Und kein wirklicher Vampyr, so heißt es wenigstens, ist so verantwortungslos, einen Spender zu beißen, dessen Blut nicht vorher von einem Arzt auf Krankheiten untersucht wurde. Auch werden keine Spender gebissen, die ihr Blut nicht freiwillig geben.«

Wie die Interviews in den Büchern der Britta Radkowsky und der Katherine Ramsland oder auch die diversen Filmchen von und über Vampyre(n) in YouTube deutlich machen, stellt sich in der Tat jeder Vampyr unter einem Vampir etwas anderes vor und verbindet mit dem Begriff auch ganz unterschiedliche Dinge. Gemeinsam haben sie im Allgemeinen die schwarze (allerdings sehr individuell ausgeprägte) Kleidung, schwarz(gefärbt)e Haare, bleiches Gesicht, Kontaktlinsen(!), oft eine Sonnenbrille, die scharfen Eckzähne, die heutzutage sehr wichtig sind, sowie eine Vorliebe für die Dunkelheit. Ob allerdings der bei den Schilderungen der Katherine Ramsland vorherrschende Eindruck einer Sado-Maso- und Schwulenszene der Wahrheit entspricht, sei dahingestellt – auch wenn Vampire nach dem Vorbild der Anne Rice sicher die Schwulenszene nachhaltig faszinieren. Solche Szenen sind beispielsweise unter dem Oberbegriff Vampire und dem Unterbegriff Sklaven/Sklavinnen im Internet unschwer in den verschiedensten Variationen zu finden. Aber ebenso sicher gibt es Vampyre, die *nicht* schwul sind und *nicht* der S/M-Szene angehören – nur sind die eben nicht so publicityträchtig.

Zwischen Spender und Vampyr bestehen nicht notwendigerweise sexuelle Beziehungen, aber in der Regel, so heißt es wenigstens, sind die beiden unterschiedlichen Geschlechts, schon damit sie nicht in Verdacht geraten, homosexuell zu sein. Es gibt auch spezielle Newsgroups, in denen sich Spender gegen Geld oder sexuelle Leistungen anbieten oder in denen HLV nach willigen Spendern suchen. Weltweit soll es immerhin mehr als 15 000 Menschen geben, die sich als Vampyre verstehen und bezeichnen. Allein rund 10 000 von ihnen sollen (wo sonst?) in den USA leben …

Die Zeiten, da Vampire also heimlich des Nachts in irgendjemandes Schlafzimmer eindrangen und ihn anzapften, sind vorbei. Heutige Vampyre sind nicht nur vorsichtig, was Qualität und Verträglichkeit des Blutes angeht, sie sind auch rücksichtsvoll gegenüber dem Spender. So verbringen sie viel Zeit in bestimmten Clubs oder an einschlägig bekannten Orten, wo sie auf der Suche nach einem Blutspender, einem sogenannten Donor sind. Wie ein Donor erklärt, muss man sich, bevor man sich auf diesen »Job« einlässt, einige Dinge wissen: Zum Beispiel sollte man sich dessen bewusst sein, dass man anschließend Einstichstellen und blaue Flecken haben wird, dass man Eisenpräparate nehmen und überhaupt Vorsicht walten lassen muss. So sollte man sich beim ersten Mal mit dem Vampyr, dem man als Donor dienen möchte, unbedingt aus Sicherheitsgründen an einem öffentlichen Platz treffen usw. usw. – eine lange Liste!

Hat der Vampyr nun einen Donor gefunden, wird dieser nicht einfach angefallen und gebissen, sondern mit viel Charme umworben. Schließlich sind Spender ziemlich rar! Da inzwischen bekannt ist, dass ein Menschenbiss ganz üble Wirkungen, langwierige Infektionen, Krankheiten usw. nach sich ziehen kann, verzichten die allermeisten modernen Vampyre auf diesen guten alten Brauch. Sie zapfen das Blut mittels einer Kanüle ab oder schneiden sich in Oberarm, Brust oder Schulter mit einer Raiserklinge und trinken dann das austretende Blut des jeweils anderen. Auch kaufen sich Vampyre, wie sehr geduldig neben vielen anderen Fragen zu dem Thema auf einer der einschlägigen Websites erklärt wird frisches Tierblut beim Metzger. (Für die bluttrinkenden Vampyre gelten also dieselben Regeln wie beim Sex: *sane, safe and consensual* (»gesund, geschützt und einverständlich«).

Wie oft ein moderner Vampyr Blut nötig hat, variiert, so Insider, sehr stark. Zum einen hängt das natürlich davon ab, wie oft man einen Spender findet. Zumeist wird auch nicht wirklich viel Blut getrunken, höchstens ein paar Schnapsgläser pro Sitzung. Manche brauchen es einmal im Jahr, andere einmal im Monat und wieder andere jede Woche.

Interessant ist, welche Symptome die Vampyre haben, wenn sie nicht regelmäßig Blut zu trinken bekommen: Gewichtsverlust, Lethargie, Schwächung des Immunsystems, Kopfweh, Übelkeit, Bauchkrämpfe und anderes mehr. Übergangsweise greifen sie dann auf Tierblut, auf Milchprodukte, Teemischungen und auf Orangensaft mit Eisenzusätzen zurück.

Dürfen sie aber Menschenblut trinken, berichten sie anschließend von einem wunderbaren Sättigungsgefühl, einem Gefühl der Ganzheit. Ihre Laune hellt sich auf, sie werden geradezu vergnügt und sehr charmant.

In jedem Fall versteht es sich auch beim Bluttrinken von selbst, dass man innerhalb seines jeweiligen *feeding circle* bleibt. Ein feeding circle ist eine Gruppe von Spendern, in der Regel zwischen vier und sieben, die für einen Vampyr oder einen Vampyr-Coven (größere Gruppe gleichgesinnter Vampyre) als Blutspender fungieren. Zu einer solchen Vampyr-Gemeinschaft gehören außer diesen Spendern auch die sogenannten *Black Swans*, die Schwarzen Schwäne, Menschen, die selbst keine Vampyre sind, sich aber zu deren Lebensstil hingezogen fühlen, vielleicht auch mit einem Vampyr eng befreundet sind und die Gemeinschaft in irgendeiner Weise unterstützen. Sie fühlen sich oft durch ein *blood bond* mit ihrem Vampyr verbunden. Gleichzeitig versteht man unter einem solchen Blutband aber auch eine Hochzeit zwischen Vampyren und einen Initiationsritus, durch den man in einen Coven aufgenommen wird.

Vampyre, die Lebensphilosophie, Zeremonien und Glaubenssätze teilen, sind in einem sogenannten *household* (Haushalt) vereint, in dem sie eine bestimmte Rangordnung festlegen und einhalten. Hierzu gehört auch ein bestimmtes *sigil* (Siegel), ein Erkennungszeichen des jeweiligen Clans oder Haushalts. Aus ihm lässt sich auch ablesen, welchen Rang das jeweilige Mitglied innerhalb des Haushalts innehat.

Die modernen Vampyre sind übrigens wie die Psivamps nicht der Ansicht, dass man durch Ansteckung zum Vampyr werden könne: Man ist es oder ist es nicht. Viele Menschen, die sogenannten latenten Vampire, wissen gar nichts von ihrer Natur, bis sie irgendwann »erwachen«. Umgekehrt gilt, wie bei den Psivamps also auch, dass niemand ein Vampir »werden« kann, in dem das Vampirsein nicht schon angelegt ist.

Moderne Vampyre sind natürlich sterblich. Sie haben Angst vor Krankheiten, weshalb sie sich ebenso wie ihre Spender regelmäßig auf AIDS und andere Krankheiten testen lassen. Was sie allenfalls von den klassischen Vampiren übernommen haben, ist eine Abneigung gegen zu viel Licht. Manche reagieren auf Sonnenlicht mit müden Augen, Lethargie oder Allergien und einem unangenehmen stechenden Gefühl auf der Haut. Ein Vampyr in einem Film, der in YouTube zu betrachten ist, erklärt, nur junge Vampyre könnten Sonnenlicht aushalten, die älteren nicht. Vampyre haben keine übermenschlichen Kräfte, können nicht fliegen und haben auch keine Fähigkeiten, die über die von Normalsterblichen hinausgehen. Eingefleischte Vampyre erzählen selbst, dass es individuell verschieden ist, ob jemand auf Knoblauch oder Kreuze reagiert oder nicht.

Der Vampir ist für die neue Vampyr-/Vampirszene kein verbindlich definiertes, festgelegtes Wesen, sondern ein nach den persönlichen Vorlieben oder Abneigungen formbarer Untoter. Vampyre gehen oft einem ganz normalen Beruf nach, der keines-

wegs nur nachts ausgeführt wird. Sie haben eine Familie und ziehen sich wie Otto Normalverbraucher an. Alle anderslautenden Infos sind, so ein Insider, Ammenmärchen für die sensationslüsterne Presse – zumindest, was die Mehrheit der Vampyre angeht. Denn dass es auch eine sehr dunkle Seite dieser Gemeinschaft gibt, steht außer Zweifel.

Zahlreiche Vampyre sind in Gruppierungen organisiert. In den Vereinigten Staaten gibt es unter vielen anderen *Sanguinarium, House Kheperu, House Sahjaza, House Omallie, Mavenlore, Della Noir, Blackdove* und *Ordo Strigoi VII.* Wie die weiter oben genannten englischen Fachausdrücke gehen auch einige dieser Vereinigungen auf den Zahntechniker Father Sebastian Todd zurück, der in den 90er Jahren in New York die Vampyrebewegung gründete und nun als deren Mentor oder Übervater bezeichnet werden kann. Er ist ein echter Hansdampf in allen Gassen, erzeugt und vertreibt (was sonst!) Vampirzähne und gibt unter anderem auch den *Vampyre Almanach* heraus, der nach Auskunft von www.sanguinarius.org »viele Club-Events produziert und promotet, verschiedene Bücher und andere Publikationen veröffentlicht und vertreibt und der Vampyr-Subkultur sowie der BDSM/

Fetisch-Szene ein öffentliches Podium bietet, wobei er die beiden oft mit einzigartigen ästhetischen Ergebnissen miteinander vermischt«.

Der Ordo Strigoi VII (OSV) wird als »dunkler spiritueller Pfad« beschrieben, eine eigens für die Vampyr-Subkultur konzipierte vampirische Religion. Der OSV wird nach eigenen Aussagen durch die »Kirche des Satans« (*Church of Satan*, CoS) unterstützt. Wie man sieht, mischen im Vampyrismus der modernen wie ja auch der alten Zeit die Hexen (*strigoi*, lateinisch *strigae*) und Satan kräftig mit. Vor allem die Verbindung zu Letzterem macht deutlich, dass es sicher Randgruppen gibt, die längst nicht so harmlos sind, wie die Mehrheit der Vampyre. Auch bestehen seltsame Verbindungen zu anderen, vor allem altorientalischen Religionen. Im *Temple of the Vampire* etwa, einer seit 1989 in den USA anerkannten Kirche, spielt Tiamat eine zentrale Rolle; hier gilt sie allerdings nicht mehr als die babylonische göttliche Personifikation des Meeres, sondern ist auf einmal die »sumerische Göttin der Vampirdrachen«.

Der rührige Father Todd, auf den im Übrigen die Unterscheidung zwischen den Vampiren mit »i« und denen mit »y« zurückgehen soll, entwarf auch den *Black Veil*, den Schwarzen Schleier, einen Codex von ursprünglich 13 Verhaltensregeln für Vampyre – und ebenso Vampire, denn auch die Psivamps stellen ihn auf ihre Webseiten. Es gibt immer neue Versionen; inzwischen sind es sieben – nicht mehr »Regeln«, sondern ethisch-praktische »Empfehlungen«, die, ganz wie Computerprogramme, durch Versionsnummern (2.0 oder 3.0 usw.) gekennzeichnet sind. Der erste Schleier 1.0 wurde von Father Todd 1997 verfasst, dann durch Lady Melanie und später durch Michelle Belanger (vom Haus Kheperu) sowie ein Konzil von Elders (den am meisten respektierten Mitgliedern einer Vampyrgemeinschaft) verschiedener *traditions* erweitert und überarbeitet. Die Oberbegriffe des Schwarzen Schleiers sind: *Diskretion, Vielfalt, Kontrolle, Ältere, Verhalten, Spender, Gemeinschaft.* Wie moralisch, ja geradezu bieder und brav die Empfehlungen lauten, mögen kurze Zitate aus den Abschnitten »Vielfalt« und »Spender« zeigen:

»Respektiere die Entscheidungen und den Glauben eines jeden. Lerne darüber und teile dein Wissen.«

Und über die Spender:

»Das Trinken sollte nur zwischen Erwachsenen und einverständlich stattfinden ... Respektiere das Leben, von dem du nimmst, und misshandle niemals diejenigen, welche für dich sorgen und geben.«

So heterogen die Vampir- oder Vampyrgemeinschaften auch sein mögen und so unterschiedlichen Glaubensrichtungen ihre Mitglieder angehören – diese sieben Paragraphen stehen, zumindest theoretisch, wie die Gesetzestafeln des Mose über all ihrem Tun.

Vampyre nehmen sich und ihr Vampyrdasein, wie man sieht, sehr ernst. Sie laufen aber nicht herum und erzählen allen, die es wissen oder auch nicht wissen wollen, dass sie Vampyre sind, vielmehr halten sie sich auch diesbezüglich im Dunkeln, verkehren auf Webseiten entweder unter Pseudonym oder unter Ausschluss der Öffentlichkeit miteinander. Auf wirklich einschlägige Websites darf nur jemand, der sich vorher – mit detaillierter Begründung – darum bewirbt. Ein Gremium entscheidet dann darüber, ob der Antragsteller aufgenommen bzw. zugelassen wird oder nicht.

Manch einer steht den organisierten Vampyrgemeinschaften misstrauisch und kritisch gegenüber. Vielfach wirft man ihnen vor, sie wären darauf aus, neue Mitglieder zu rekrutieren, und würden deshalb Vampyrpartys organisieren, auf denen gezielt vor allem Jugendliche angesprochen werden – und zwar insbesondere solche Jugendliche, die gerade eine Phase der Unsicherheit durchmachen: von zu Hause ausgezogen sind, Drogen- oder sonstige Probleme haben oder sich nirgendwo mehr zu Hause fühlen. Sie stellen für die Obervampyre solcher Vereinigungen eine leichte Beute dar.

Im Internet kursieren Berichte darüber, wie es innerhalb mancher solcher Gruppierungen zugeht. Dass jedes Mitglied einen Beitrag zu zahlen hat, ist verständlich. Aber es ist auch von absolutem Gehorsam, internen Gerichtsverfahren und sexueller Gehorsamkeitspflicht der weiblichen Mitglieder die Rede. Auch sollen Mitglieder zur Gewalt gegenüber der Außenwelt, wenn schon nicht aufgefordert, so doch zumindest ermutigt werden. Weiterhin wird von Drogen, von Verbrechen im Namen »der inneren Dunkelheit« und von Satanskulten berichtet. Ja, sagen die Kritiker, solche Gemeinschaften seien schuld daran, dass »der gute Name« des Vampirs beschmutzt sei.

Wir sind keine Insider und wissen also nicht, ob derlei Behauptungen tatsächlich so pauschal zutreffen. Wie die weiter oben referierten Aussagen über den selbst ernannten Vampir Rod Ferrell zeigen, gibt es allerdings wirklich Gruppierungen, die die Grenzen des moralisch Akzeptierbaren überschreiten. Die meisten allerdings dürften dagegen harmloser sein.

Eine Autorin, die bereits erwähnte Katherine Ramsland, hat sich eingehend mit den Szenevampiren der USA befasst. Aufhänger ihres Buches war die angebliche Suche nach einer Journalistin und Stripteasetänzerin, die in der Vampirszene verschwunden sein soll. Im Verlauf des Buches deckt sie eine überaus düstere, ja gefährliche Seite der heutigen Vampirszene auf. Ihr Buch ist allerdings vor allem charakterisiert durch ausführliche Schilderungen von Sex- und Gewaltszenen im Sado-Maso-Milieu, unter Blutfetischisten oder unter Schwulen. Das mag sehr interessant sein und außerdem natürlich die Verkaufszahlen in die Höhe treiben, hat aber nicht eben viel mit Vampiren zu tun – jedenfalls nicht mit Vampyren mit »y«, wenn man bei dieser Unterscheidung bleiben will. Der Zusammenhang beschränkt sich im Wesentlichen auf die künstlichen Vampirzähne, die offensichtlich ein Muss in der Szene sind, und die durchgängige Düsternis. Schwarze Kleider, malerische Pseudonyme, Geheimrituale und Blut gehören ebenso zu Satanskulten und sind kein Vorrecht der Vampire.

Mit dem alten Vampir hat das Ganze, sieht man vom Bluttrinken ab, schon gleich gar nichts zu tun. Was hier beschrieben wird, ist, wie Ramsland selbst mehrfach sagt: eine Maskerade. Man bedient sich des Bildes vom Vampir, um sexuelle und/oder Gewaltfantasien ausleben zu können. Der Vampirismus selbst ist nicht viel mehr als eine Pose, ein Firnis – aber vom historischen Vampir, dem beispielsweise in Rollenspielen doch erheblich mehr gehuldigt wird, ist hier kaum noch eine Spur zu bemerken.

Tatsächlich werden heute die »realen«, historisch oder literarisch belegten Merkmale des alten Vampirs von manchen Vampyren als »irreführende Erfindungen« der Rollenspiele betrachtet. So wird die Definition, bei Vampiren handle es sich um bluttrinkende Untote, die nur durch einen Pfahl ins Herz getötet werden können, als ein »offensichtliches Produkt der Fantasie« bezeichnet.

Katherine Ramsland geht auf den alten Volksglauben bezeichnenderweise mit keinem Wort ein, zitiert vielmehr als ultimative Weisheiten über den Vampir Passagen aus Anne Rice! All dies zeigt, wie wenig zumindest der amerikanische Vampirismus im wirklichen Vampirglauben wurzelt.

Es ist vollkommen klar, dass Anne Rice mit ihren Romangestalten Louis und Lestat einen neuen Typ von Vampir geschaffen hat, der für vermutlich die meisten Amerikaner und viele jüngere Europäer der einzig bekannte sein dürfte. Aber Anne Rice als *die* Autorität in Sachen Vampire zu behandeln und Zitate aus ihren Romanen als »wissenschaftliche« Belege anzuführen, heißt bei allem Respekt, den Ur-Vampir völlig zu negieren.

Unter Vampyren sollten Menschen verstanden werden, die den Vampir in seinen verschiedenen Facetten, *einschließlich* der historisch/volkstümlichen, ernst nehmen, ihn also nicht lediglich als eine coole Maske ansehen, hinter der sie sich, zu welchem Zweck auch immer, verstecken können.

Insgesamt sollte man sich vor Pauschalurteilen über die Vampyre hüten, denn auch, was die *Goth-* oder *Gothicvampire* angeht, wird ziemlich übertrieben. Manch einer, vor allem natürlich ältere Menschen, werfen das eine mit dem anderen in einen Topf, nach dem Motto: »Moderne Vampyre« = »Goths«. So einfach ist das aber keineswegs. Man könnte eher sagen, dass es sich dabei (mathematisch ausgedrückt) um zwei Mengen handelt, die sich teilweise überschneiden: Unter den Goths gibt es Vampyre und unter den Vampyren Goths. Allenfalls lässt sich sagen, dass mehr

Vampyre Goths sind als umgekehrt. Die Goths selbst sind ja keine fest umrissene Einheit, sondern setzen sich aus vielen verschiedenen Strömungen und Gruppierungen mit vielen verschiedenen Stilrichtungen zusammen.

Die Subkultur der Goths ging in den späten 70ern, Anfang der 80er-Jahre aus den Punk- und Wave-Bewegungen hervor und war bis Anfang des neuen Jahrtausends Mittelpunkt der sogenannten Schwarzen Szene. Ihre Angehörigen wurden in Deutschland früher als *Gruftis* bezeichnet, inzwischen aber, wie fast auf der ganzen Welt, meistens als Goths, obgleich viele Anhänger sich selbst nicht so nennen. Die Bezeichnung geht auf eine englische Musikrichtung zurück, die – nicht zuletzt wegen der Songtexte – als »schaurig«, englisch *gothic,* empfunden wurde. Letztlich verweist das Wort aber auf die englischen *gothic novels* oder Schauerromane des 19. Jahrhunderts, in denen Friedhöfe und Düsternis, Geister und allgemein unheimliche Begebenheiten eine zentrale Rolle spielen.

Die Anhänger der Goth-Kultur sind überwiegend ausgesprochen ästhetisch orientiert, was unter anderem in ihrer sorgfältigen, sehr eigenwilligen Kleiderwahl zum Ausdruck kommt. Bei allen individuellen Unterschieden ist ihnen, wie beispielsweise die informative Internetseite www.gothic-info.de erklärt, gemeinsam, dass sie düstere Farben, entweder Schwarz oder aber Dunkelrot und dergleichen, bevorzugen. Aber auch (und das dürfte den Außenstehenden überraschen) der Gegensatz, nämlich Weiß, sei bei manchen Goths beliebt. Seide und Samt und Leder sind bevorzugte Stoffe und erinnern damit durchaus an die Kleidung der Vampire in bekannten Filmen.

Goths gelten als unnahbar, wirken gegenüber Außenstehenden zuweilen ein wenig eingebildet und elitär. Sie sondern sich ganz bewusst durch ihren Kleidungsstil, die oft weiße Schminke, schwarz gefärbte Haare, Piercings und sonstigen Schmuck – darunter gern Anhänger in Form von Pentagrammen, Kreuzen, Ankh-Kreuzen, Horus-Augen – von den »Normalos« ab. Sie haben außerdem eine Vorliebe für Nieten, Schnallen, Armreifen und Rosenkränze sowie für verschiedenste Arten von Schnür- und sonstigen Stiefeln. Sie sind häufig Mittelalterfans, wobei das »Mittelalter« bei ihnen – wie im Übrigen bei all denjenigen, die aktive Teilnehmer der entsprechenden Märkte sind – zumeist ein stark verklärtes Mittelalter ist.

Vielen Goths wird eine gewisse negative, um nicht zu sagen *depressive* Grundstimmung nachgesagt, wobei aber vermutlich eher umgekehrt ein Schuh daraus wird: Jemand, der eine solche Grundstimmung, sei es situationsbedingt, altersbedingt oder anlagebedingt, hat, fühlt sich wohl besonders zu den Goths hingezogen. Wie es einer von ihnen ausdrückt:

»Ich glaube nicht, dass Goths im Allgemeinen depressiver sind als andere Leute. Depression ist ein Gefühl, das von Gothic ›dargestellt‹ wird. Es ist ein Gefühl, das Goth gut beschreibt. Punk repräsentiert Rebellion, Industrial ist Wut und Gothic ist Traurigkeit.«

Ein anderer Goth entgegnete auf die Frage, warum er sich immer schwarz anziehe und blass schminke: »Weil wir viel über den Tod nachdenken und das Leben danach, wir interessieren uns sehr für Mythologie, und unsere Kleidung spiegelt das wider.«

Ein Mädchen erklärte auf die Frage, was Gothic für sie bedeute: »Gothic ist für mich eine Lebenseinstellung, es bedeutet das Anderssein, das Auffallen und auch das Provozieren anderer Leute, die für Menschen mit anderen Interessen kein Verständnis haben.« Eine andere junge Frau sagt: »Gothic ist die Fähigkeit zu hinterfragen – Tiefgründigkeit – Melancholie – Individualismus – Darkwave – Schwarz – Ruhe – Isolation – Mystik – sich zu Hause fühlen.«

Wie Internetfragebögen zeigen, die freiwillig (mit Foto) ausgefüllt werden, gehören die Goths keineswegs »zur Unterschicht«. Viele von ihnen sind gebildet und geben als ihre Hobbys sehr häufig Lesen oder Schreiben an.

Eine Selbstdefinition von Goth, die viele zu teilen scheinen, lautet: »Man könnte also sagen, dass ein Goth jemand ist, der eher auf der düsteren Seite des Lebens steht, dies aber als sehr angenehm und erfüllend empfindet.«

Dies und ihre Vorliebe für die Farbe Schwarz, ihr oft bleich geschminktes Gesicht, das absichtlich etwas Leichenhaftes ausstrahlt, ihre ständige Auseinandersetzung mit Themen wie Tod, Dunkelheit, Nacht und Friedhof rücken die Goths natürlich ganz von selbst in die Nähe der Vampire. Allerdings definieren sich eher die Vampyre über die Goths als umgekehrt – indem sie sich wie diese schwarz kleiden und beispielsweise deren zunächst höchst mystisch-kryptisch wirkenden Code benutzen: den sogenannten Gothcode.

Wie so eine kodierte Selbstbeschreibung etwa aussehen kann, zeigt das folgende Beispiel: GoCS++T3Bk!cA(5)z—P4M+a–n! b+:H18lg-m-?w+r++D-h+++sl0kRsYldeNWM–

Als Erstes wird dabei die benutzte Version des Gothcodes festgelegt, dann folgen Angaben über die Ausbildung, das Aussehen, Haarfarbe und -länge, Kleidung, Charakter, Religion, Make-up und Piercings, Musik- und sexuelle Vorlieben – einfach alles, womit man einem Löcher in den Bauch fragen könnte.

Die einzelnen Punkte solch kodierter Selbstdarstellungen erschlagen den unvorbereiteten Leser geradezu mit ihrer Detailfülle. Greifen wir nur das Beispiel »Haar« heraus. Zunächst kann man sich auf die Farbvariante festlegen: cl-c9, cA, cB usw., wobei man die Option hat, zusätzlich geschweifte Klammern einzusetzen, wenn sich die Haarfarbe im Laufe der Zeit von selbst ändert, wobei man die häufigste Farbe an den Anfang setzt: cl{E} würde also »vornehmlich schwarz« bedeuten, wobei ab und an etwas Grau durchscheint. Damit aber längst nicht genug. Nun hat man die Möglichkeit, mit a bis z zu erklären, was das Haar »gerade macht«, also ob es gelockt ist, ob man Haarteile trägt, Perücken oder viel Spray (ausreichend »um die Dachziegel der Oper in Sydney zusammenzukleben«) und anderes mehr. Minus- oder Pluszeichen in unterschiedlicher Anzahl geben die Länge des Haars an: also: — bedeutet kahl oder glatt rasiert, ++ dagegen schulterlang. Und schon hätte man beispielsweise allein für die Haare den Code: cl{E}c+ (wobei das letzte + für die Länge steht: »So eine nervige Länge; der Pony hängt einem in die Augen, und hinten sehen sie irgendwie beknackt aus«).

Je nach Code bedeutet R+: »kann sein, dass ich an Gott glaube«; »h++«: »sucht einen Goth«; R!: »war noch nie gebunden, wär dies jedoch gerne«; Se: »verlobt«. Sogar die verschiedenen Varianten des eigenen Gothseins werden durch einen Code (P1, P2 usw. oder auch GoFa, GoCS usw.) umschrieben. Da wird also etwa zwischen dem Firmensklavengoth, dem Sarkigoth (gemeint ist der »sarkastische Goth«), dem Grantelgruftie oder dem Muntergoth unterschieden (»Mir doch egal, ob du Depri bist, ob morbide sein gerade mal Mode ist oder was ... Ich geh jetzt auf die Tanzfläche und schüttle mich, bis ich aussehe wie eine Ente«), ob man Künstler ist (GoFA) oder in der Computerbranche arbeitet (GoCS). Wichtig ist auch die Farbe der Stiefel, die man gern trägt, denn wie wir schon sagten, spielen Stiefel für Goths eine sehr große Rolle.

Es ist unglaublich, wie viel Mitglieder eines Forums, in dem dieser inzwischen weit verbreitete Code Usus ist, hier von sich preisgeben. Vermutlich dürfte keine heutige Mutter so viel über ihr eigenes Kind wissen! Jeder moderne Vampyr dagegen kann sich mithilfe des zugehörigen Schlüssels ein höchst genaues Bild von demjenigen machen, mit dem er es auf der anderen Seite des

Netzes zu tun hat, auch wenn dieser Jemand – was allemal geraten erscheint! – zunächst einmal unter Pseudonym auftritt. Was
aber ist es, was alle diese Vampire oder Vampyre mit oder ohne
Gothcode, mit oder ohne y, Goth oder nicht, in Foren vereint?
Was macht den Vampir, wenn auch in mutierter, der Zeit ange-
passter Form, dermaßen attraktiv?

Der perfekte Grenzgänger

Mein süßes Lieb, wenn du im Grab,
Im dunkeln Grab wirst liegen,
Dann will ich steigen zur dir hinab,
Und will mich an dich schmiegen.

Ich küsse, umschlinge und presse dich wild,
Du Stille, du Kalte, du Bleiche!
Ich jauchze, ich zittre, ich weine mild,
Ich werde selber zur Leiche.

Diese zwei Strophen stammen aus einem Gedicht von Heinrich Heine (›Lyrisches Intermezzo‹). Sie werden immer wieder im Zusammenhang mit Vampiren und dem Begriff *Nekrophilie* zitiert. Aber warum eigentlich? Das Wort entstammt dem Griechischen und bedeutet so viel wie die »Zuneigung zu Leichen«. Aber Heine liebt keineswegs die hier Angesprochene nur als Leiche, sondern will lediglich zum Ausdruck bringen, dass er sie auch über ihren Tod hinaus lieben wird. Vampire aber lieben die Lebenden, und die Lebenden lieben im Vampir nicht den Toten, sondern den *Untoten*.

Selbst in wissenschaftlichen Werken über die Nekrophilie finden die Vampire Raum, und es werden hier immer wieder Leichenschänder besprochen, die sich sexuell an Toten vergreifen oder sie sogar aufessen. Das aber hat nicht das Geringste mit den Vampiren zu tun. Wenn in ihrem Zusammenhang Gräber geöffnet wurden, ist das als Stören der Totenruhe zu bezeichnen, aber sicher nicht als Nekrophilie. Man wollte eben nachschauen, ob die Toten wirklich tot waren – und Punkt.

Eine andere Sache ist dagegen das Tändeln oder wirklich intensive Sichbefassen mit dem Tod, das in vielen Gedichten, so auch bei Heine oder in Goethes viel zitierter ›Braut von Korinth‹, oder auch in Novalis' ›Hymnen an die Nacht‹, deutlich wird:

> O sauge, Geliebter,
> Gewaltig mich an,
> Dass ich entschlummern
> Und lieben kann.
> Ich fühle des Todes
> Verjüngende Flut,
> Zu Balsam und Äther
> Verwandelt mein Blut.

Hier ist der Punkt, an dem die Vampire ins Spiel kommen. Die Anziehungskraft der Toten und des Todes selbst ist äußerst vielschichtig. Lässt man den Faktor Liebe außer Acht, der dazu führen mag, dass man einen geliebten Menschen auch als Leiche nicht loslassen will, bleibt die sexuelle Komponente, die mit dem Vampir heutzutage unbedingt verbunden ist – selbst wenn man die gesamte S/M-Szene ausspart. Aber das ist es nicht allein. Dazu bräuchte man schließlich keinen Vampir. Aber der Vampir verspricht weit mehr als sexuelle Erfüllung: Er verspricht, dass diese Erfüllung *ewig* andauert – und mehr noch als das! Jemand, der tot ist, kann einem nicht mehr weglaufen, einen nicht betrügen oder sonstwie kränken. Ihn kann man also unbesorgt uneingeschränkt lieben.

Der Vampir als lebender Toter ist, so glaubt man spätestens seit Bram Stokers *Dracula*, häufig auf ein bestimmtes lebendes Wesen fixiert. Diesem einen Wesen stellt er so lange nach, bis er es mit Leib und Seele besitzt. Ja, er unternimmt lange Reisen, bringt sein eigenes untotes Dasein in Gefahr, nur um die Geliebte (oder den Geliebten) zu erlangen. Er reißt sich die Bluse auf und ritzt sich die Haut, damit sie Blut von seinem Blut wird. Er überschwemmt die Liebste mit seiner sinnlichen Liebe und all seinem Hab und Gut. Welcher Sterbliche tut so etwas?

Was den Tod angeht, so ist bekannt, dass viele Jugendliche, denen das Leben sinnentleert erscheint, die zum ersten Mal erkennen, dass auch sie eines Tages sterben müssen, sich den Goths anschließen. Vielleicht haben sie obendrein Probleme in der Schule, mit den Eltern oder auch nur mit sich selbst. Die depressive Stimmung, die das alles mit sich bringt, führt dazu, dass sie sich mit dem Thema Tod intensiver auseinandersetzen, als das im Berufsleben stehende und von brüllenden Kindern umgebene Erwachsene tun.

Aber der Tod muss, sonst könnte man sich schließlich gleich umbringen, auch eine Hoffnung in sich bergen: die Wiedergeburt. Der Tod wird also nicht als ein Endpunkt, sondern als ein Übergang begriffen. Auf vielen Webseiten, die sich mit den Vampiren befassen, erzählen Teilnehmer, dass sie felsenfest davon überzeugt sind, in einem früheren Leben ein echter Vampir gewesen zu sein, und warten mit etlichen Details über dieses Leben auf. Viele heutige Vampyre wissen, wie sie als Vampir früher hießen und wie sie gestorben oder wer sie in einem früheren Leben gewesen sind. Oft übrigens bezeichnenderweise Hexen! Je nach Forum amüsieren sich andere darüber oder tragen teilnehmend das Ihre dazu bei, indem sie Ähnliches von sich erzählen.

Der Vampir ist vielleicht das beste Beispiel für eine Verknüpfung von diesem Leben, dem Tod und dem nächsten Leben, Symbol für immerwährendes Leben, immerwährende Liebe, die Überwindung des Todes und ja, die Unsterblichkeit. Er ist ein echter Grenzgänger, der mit dem einen Bein in der einen, mit dem anderen in der anderen Welt steht. In diesem Sinne kann sein Tier auch nur die Fledermaus sein: nicht Vogel, nicht Maus, flüchtig und gleichzeitig handfest, jonglierend zwischen Hell und Dunkel, Tag und Nacht.

Hinzu kommt ein wesentlicher Faktor, den ein englischer Vampyr in einem YouTube-Film als Hauptgrund dafür angibt, warum er sich so zu den Vampyren hingezogen fühlt: Der Wunsch nach ewiger Jugend. Der Vampir ist immer gleich jung, er verändert sich nicht, bleibt immer der, der er ist. Er ist also ein verlässlicher Faktor in einer Welt, die sich mit rasender Geschwindigkeit verändert. Der Vampir nimmt somit ein wenig von der Angst vor der

Unbeständigkeit, dem Wandel, dem Alter, dem Tod und dem damit verbundenen Unbekannten, die wir mehr oder weniger alle haben.

Er bietet Trost insofern, als er der lebende (oder zumindest untote) Beweis dafür ist, dass es irgendwie schon weitergeht – vielleicht nicht gerade auf eine »mopsfidele« Weise, aber doch so, dass wir in Gedanken damit leben können. Es wird nach dem Tod nicht alles so völlig anders, wie es uns die etablierten Religionen verheißen – eine Vorstellung, die für viele einfach *zu* schön oder auch zu absonderlich ist, um wahr sein zu können. Nicht jeder liebt zudem die Vorstellung, für den Rest der Ewigkeit in einem weißen Nachthemd auf einer Wolke sitzen und 'luja singen zu müssen. Außerdem ist ein Vampir etwas sehr viel Handfesteres als ein Engel. Er ist kein ätherisches, sondern ein stoffliches Wesen mit einem individuellen Charakter – und einer Seele. Auch das bringt ihn vielen Menschen näher als den traditionellen Engel.

Ältere Menschen finden sich, je öfter sie erleben, dass Freunde, Verwandte, Nachbarn rings um sie herum sterben, mehr und mehr mit dem Gedanken ab, selbst auch eines Tages tot zu sein. Je länger man lebt, desto mehr beschäftigt man sich mit diesem Gedanken, gewöhnt sich an ihn und – so kann man wenigstens hoffen – verarbeitet ihn. Junge Menschen stehen dieser Vorstellung zumeist viel ängstlicher gegenüber. Für sie muss der Gedanke, dass es tatsächlich Wesen gibt, die die Grenzen von Leben und Tod sprengen, etwas außerordentlich Tröstliches haben: Es ist nicht alles verloren, wenn man irgendwann sterben muss.

Wie die vielen Beiträge in Foren über das Bluttrinken beweisen, empfinden alle Psivampire und auch etliche Vampyre das konkrete Bluttrinken als nicht besonders »lecker« – im Gegenteil. Viele beschränken sich, wenn sie es überhaupt tun, dabei auf das symbolische Blutlecken. Und wie viele von den anderen es nur tun, weil sie vor sich selbst und den anderen gut dastehen möchten, sei dahingestellt. Andererseits scheint Bluttrinken für den modernen Vampir auch nicht maßgeblich zu sein. Viel wichtiger ist der Gedanke, dass man sich durch Vermischung des Blutes auf eine Weise vereint, die anders nicht zu erreichen wäre – eine Symbiose, die weit über das alltägliche Maß hinausgeht und bis über den Tod hinaus währen soll.

Die negative, furchterregende Seite des Vampirs wird, wie wir in den Geschichten gesehen haben, in der Regel entschärft, als »halb so schlimm«, wenn nicht gar als angenehm, ja, als überaus beglückend dargestellt. Ist der erschreckende Moment erst einmal ausgestanden, ist man auf immer und ewig jung. Die Liebe wird nicht dadurch beeinträchtigt, dass der eine irgendwann Falten und eine Brille, der andere das Zipperlein und Blasenschwäche bekommt. Nein: mit einem Vampirgeliebten braucht man nichts Derartiges zu befürchten.

Was aber die Nacht angeht und all die düsteren Begleiterscheinungen des Vampirs, so sind sie gerade das, was Menschen anspricht, die grundsätzlich anders sein möchten als die Normalbürger. Goths und viele Vampyre wollen sich von ihrer Umwelt, ihren spießigen Mitmenschen abheben, deren Gegenteil sein – und zwar sowohl äußerlich wie in ihren Lebensgewohnheiten.

Wo die Normalmenschen den Tag lieben, mögen sie die Dunkelheit. Wo andere ihre Wohnung möglichst hell einrichten, halten sie sie möglichst dunkel. Wo bei anderen Risse und Löcher in der Kleidung streng verpönt sind, machen sie sich absichtlich welche in Hosen und Strumpfhosen. Wo andere lachen, sind sie ernst und düster, und sie sind dadurch oft Außenseiter. Was würde zu all dem besser passen als der moderne – und was den Außenseiter angeht auch der alte – Vampir?

Hinzu kommt, dass die Goths und viele andere Jugendliche sich auch in einem anderen Aspekt dem Vampir verwandt fühlen, oftmals ohne sich dessen bewusst zu sein: Sie sind Grenzgänger – genau wie er. Er zwischen den Welten, zwischen Leben und Tod, Ordnung und Chaos, zwischen Körper und Geist und auch zwischen den Geschlechtern. Sie: zwischen dem Leben als Kind und dem Leben als Erwachsene.

Der moderne Vampir ist den heutigen Bedürfnissen bestens angepasst. Über Knoblauch lacht er nur, auch Kreuze bedeuten ihm nichts. Mit dem Tageslicht nimmt er es ebenfalls nicht so genau. Er ist im Grunde höflich und rücksichtsvoll, hilft den Be-

No te escaparás.

drängten und ist »eigentlich« unsterblich. Die Züge, die er hat, sind im Wesentlichen gute, denn er ist eine Mischung aus Batman, Superman und sinnlichem Verführer. Und warum sollte man diese Entwicklung kritisieren?

Jede Zeit formt sich die übersinnlichen Wesen (und nicht nur diese) nach ihren Bedürfnissen und den gegebenen Verhältnissen um. Dass dies auch in sehr negativem Sinn geschehen kann, zeigt die Epoche der Hexenverfolgungen, wo allen Geistwesen, die die Christianisierung überlebt hatten, teuflische Züge angedichtet wurden. Ähnliches passierte den Zwergen, Feen, Elfen und Drachen.

Da kann es doch wahrhaftig nicht schaden, wenn eine solche Umdeutung in umgekehrter Richtung erfolgt. Wenn der Vampir ein positiveres Gesicht bekommen hat, als er in früheren Zeiten besaß, tut das niemandem weh. Vermutlich aber gibt dieses Bild manch einem Jugendlichen ein wenig Starthilfe, Schutz und Trost auf seinem Weg ins Leben – und manch einem schon mitten im Leben stehenden Menschen vielleicht auch!

Anhang

Danksagung

Wir bedanken uns herzlich für Hinweise zum »modernen« Vampir, den Goths, Rollenspielen, modernen Geschichten usw. bei folgenden Vampiren und Vampyren: Leila, Bloodsucker, Claudia, Annika, Daniel, Julia, Benny, Cynsanity, Aneria Romana, Ascian, Elisabetha, Schwarzleben, Black Raven, Imon, Sareth, Black Shadow, Xargon, Hämophil, Nightsucker, Misty Night, Vlad Jr., Arepo, Kati L., Andrea, OrthaeVelve, Sandra O., Nightbat und Moira.

Bei Joana Angelides bedanken wir uns dafür, dass wir ihre Geschichte »Mein Liebster im Sarg«, abdrucken durften, und bei Elisabeth Ochsenfeld für Erklärungen zum Rumänischen. Wir danken ein weiteres Mal Harald Drös für seine zeichnerische Mitwirkung.

Wir möchten weiterhin lobend und dankend die sorgfältig und liebevoll angelegten Vampir-Webseiten erwähnen, die es sich zur Aufgabe machen, Geschichten und Gedichte zu sammeln und zu veröffentlichen: Allen voran der www.vampir-club.de. Auch das Vampyrjournal der Schneidewinds mit vielen Kritiken und Infos (www.vampyrjournal.de) verdient ein dickes Lob. Da die Fluktuation aber einfach viel zu groß ist, müssen wir auf eine Aufzählung all der anderen schönen Seiten leider verzichten.

Wir danken Katharina Festner für ein hervorragendes, aufmerksames Lektorat, Helga Jesberger und Stefan Krickl für all die Mühe, die sie sich mit dem Buch gegeben haben.

Agnes Schmitt danken wir von Herzen für Tone, Tipps und Frohsinn … Hanna, Käte, Simon und Kurt Stroh ein ganz herzliches Danke für ihren tatkräftigen Einsatz bei der Flut.

Und schließlich danken wir Linda und Robin für die süße Xilia: Willkommen im Leben!

Quellenhinweise

Lesbische Liebe: Sheridan LeFanu: *Carmilla,* deutsche Übersetzung v. G. Baruch, in: Sturm/Völker, S. 321–414; vgl. auch Brittnacher in: Bertschik/Tuczay, S. 163 ff.; Perkowski 1989, S. 131 ff.; vgl. auch das Buch von Flocke; weiterhin Sturm/Völker, S. 321 ff.; Hock, S. 108 ff. und 78 f. (zu Polidori); Lecouteux 2001, S. 21 ff.; Klemens (zu weiblichen Vampiren).

Draculas Vater: Stoker: *Dracula;* hierzu auch: Sturm/Völker, S. 574 ff.; Stoker, S. 196 f. (Dracula läuft tagsüber durch London); *Kindlers neues Literaturlexikon,* hg. v. W. Jens, Bd. 16, München 1991, S. 8; Stoker, S. 427 (Ende von Graf Dracula); Stoker, S. 44 (die drei Frauen im Schloss Draculas); Stoker, S. 419 (van Helsing und die drei Frauen); Stoker, S. 327 (Dracula lässt Mina sein eigenes Blut trinken); Sturm/ Völker, S. 578 (über die Eindringlichkeit der wenig raffiniert ausgeführten gewagten Szenen bei Stoker); McNally/Florescu, S. 144 (Aussehen von van Helsing); Sturm/Völker, S. 579 (van Helsing als eigentliches Ungeheuer des Romans); Harmening, S. 71 ff.; Lecouteux 2001, S. 24 ff.

Dracula: Informationen zum Wort Dracula stammen u. a. aus Cazacu, S. 2 f. (Anm.); McNally/Florescu, S. 18 f.; Märtin, S. 14 und aus *Meyers Enzyklopädisches Lexikon,* Mannheim 1979, Bd. 24, s. v. Vlad Tepes; McNally/Florescu, S. 30 (Zitat); zum Leben und Tod Draculas v. a. Cazacu, S. 2 ff.; Märtin, S. 26 ff.; McNally/Florescu, S. 26–115; Harmening, S. 13 ff.; Perkowski 1989, S. 11 ff. (u. a. Zitat zu Zeitgenossen Draculas); Verhältnisse in Siebenbürgen: Märtin, S. 22 ff.; Cazacu S. 45 (Testen von Kaufleuten); Märtin, S. 91 ff. (Woiwode der Walachei); Märtin, S. 105 (goldener Becher); Bandini 2002, S. 11 ff. (zum Drachen als Inkarnation des Bösen); Märtin, S. 164 f. (über den Drachen zum Vampir); zu Vlad Tepes auch Kreuter, S. 73 ff.; Borrmann, S. 70 ff.

Massenmörder: zu einigen der folgenden Personen vgl. auch Copper, S. 205 ff.; Borrmann, S. 115 ff.; zu F. Haarmann: Lessing, Th., *Haarmann. Die Geschichte eines Werwolfs und andere Gerichtsreportagen,* hg. und eingel. von Rainer Marwedel, Frankfurt a. M. 1989; Werremeier, F.: *Nachruf auf einen Werwolf. Die Geschichte des Massenmörders Friedrich Haarmann, seiner Opfer und seiner Jäger,* Köln 1992; ders.: *Haarmann. Der Schlächter von Hannover. Die grauenvollen Verbrechen des berüchtigten Serienmörders,* München 1995; zu J. G.Haigh: Dunboyne, Lord [Patrick Theobald Tower Butler]: *The Trial of John George Haigh,* London 1953; Marigny 1985, S. 57 f.; http://209.150.104.196./horror/bad/ambound/library/haigh.html; zu P. Kürten: Berg, K.: *Der Sadist. Gerichtsärztliches und Kriminalpsychologisches zu den Taten des Düsseldorfer Mörders Peter Kürten,* München 2004; http://www.crimelibrary.com/serial_killers/history/kurten/index_1.html; zu Gilles de Rais: Bataille, G.: *Gilles de Rais: Leben und Prozeß eines Kindermörders,* Gifkendorf 2000 (7. Aufl.); Marigny 1985, S. 54 f.; zu E. Báthory: Farin, M.: *Heroine des Grauens. Elisabeth Báthory,* München 1999 (3. Aufl.); Meurer, S. 32 f.; zu J. Vacher: Lacassagne, A.: *Vacher, L'éventreur et les crimes sadiques,* Paris 1899.

Mord im Namen ...: zu Rod Ferrell: http://en.wikipedia.org/wiki/Rod_Ferrell; Ramsland, S. 355 ff.; Infos zu Rollenspielen: http://home.arcor.de/moonlight-shadowcastle/camarillade.htm; http://www.vampire-the-dark-ages.de/vda/malkavianer.html: http://de.wikipedia.org/wiki/Vampire:_The_Masquerade; http://www.rqg-info.de/Vampire:_The_Masquerade; http://www.vampireonline.de/; www.vampire-the-dark-ages.de; http://www.vampyrjournal.de/larp.htm#allg; www.worldofdarkness.com; Infos zu Vampir-Rollenspielen in: Artikel »Zeit der Dunkelheit« – Vampire Live-Rollenspiel in Deutschland von Volker Tubbesing (Larpzeit Ausgabe 2); Radkowsky, S. 51 f.; Rein-Hagen; Ramsland, S. 259 ff.

Was einen Vampir ausmacht: Zu Anfang zitierte Geschichte aus Krauss 1908, S. 134 f.; zum Wort Vampir ausführlich Hovorka/Kronfeld Bd. 1, s. v. Vampir, S. 425 f.; di Nola, S. 96; und v. a. Kreuter, S. 68 ff.; Burkhart, S. 71 ff., S. 101 (Herkunft des Glaubens an Vampire); Schroeder, S. 7 ff.; weiteres auch bei Murgoci; Perkowski 1989, S. 31 f.; Marigny 1985, S. 18 ff.; Zitat mit der Henne aus Hovorka/Kronfeld Bd. 1,

S. 426; Kreuter, S. 28 ff. usw.; Schneeweis, S. 10 usw.; Cremene, S. 190 ff.; Oinas, S. 113 (Alter des Vampirglaubens); Weslowski, S. 209 f.; Klapper, S. 62 f., 86 ff.; Perkowski 1972, S. 20 ff.; Haase, S. 330; Schneeweis, S. 8 ff.; Hanus, Vampyre, S. 200; Sinti: Vukanovic 1958, S. 112; 1959, S. 46 f.; Lecouteux 2001, S. 69 ff.; d'Elvert, S. 418 f.; Copper, S. 23 ff. und allgemein Haumann.

Frühere Erzählungen: Geschichte der eingesalbten Vampirin nach Murgoci, S. 346; Geschichte von den Mädchen in der Spinnstube, freie Nacherzählung nach Murgoci, S. 341–343; Märchen von Niza nach Aichele, S. 56 ff.; Märchen vom Vampir und den drei Schwestern nach Leskien, Märchen Nr. 12; Märchen vom Vampir und den Geschwistern nacherzählt nach Wlislocki 1892, S. 120 ff. (Der betrogene Vampir).

Was ist ein Vampir: *Meyers Enzyklopädisches Lexikon*, s. v. Vampir; R. Villeneuve, *Dictionnaire du diable*, Paris 1989, s. v. Vampire; Zitat von Zophius in Marigny 1985, S. 17 ff., und Summers 1968; Hock, S. 3 ff., 20 ff.; Copper, S. 51 ff.; Kreuter, S. 19 usw.; Burkhart, S. 65 ff.; Schroeder, S. 7 ff., 12 ff. usw.; Marigny, S. 17; Bertschik/Tuczay, S. 16 ff., S. 99 ff. (Paole), 116 (Paole) und in diesem Band der Artikel von Marco Frenschkowski, S. 43–59; Mannhardt, S. 271 f. (Paole); Lecouteux, S. 183 ff. (Paole); Oinas, S. 108; Copper, S. 51 ff.; Klapper, S. 62 f.; Vampire auf der ganzen Welt: Andree, S. 80 ff.; Stetson, S. 3 ff.; Marigny 1985, S. 40 ff.; Borrmann, S. 42 ff.; Summers 1929, 1968; Hock, S. 2 f.; Zitat Gandharva: http://www.electrocute.us/clessidralu/lexiam.html; Vampirglossare: http://home.arcor.de/joergel01/vampireglossar.html; http://www.wicca.ch/vampir.htm; http://www.beepworld.de/members21/fantasy_girl101/vampire.htm usw.

Magie des Blutes: Anfangszitat aus: Strackerjan, L., *Aberglaube und Sagen aus dem Herzogtum Oldenburg*, Oldenburg 1909, S. 34.; Strack, S. 27 ff., 40 ff.; Liebeszauber: Bandini, D. und G., *Zauber der Liebe, Beschwörungsformeln, Riten und Rezepte,* München 2001, S. 110 ff.; Hovorka-Kronfeld Bd. 1, s. v. Blut; Bußverordnung in Bächtold-Stäubli, s. v. Blut; ebd. auch weiteres; zum Blut Gehängter Strack, S. 44 f.; Kreuter, S. 159 ff.; Starr, S. 12; Meurer, S. 27 ff.; Borrmann, S. 193 ff.; Bradburne.

Macht der Finsternis: Geschichte aus dem Allgäu in: Reiser, K., *Sagen, Gebräuche und Sprichwörter des Allgäus* Bd. 1, Kempten 1895, S. 326; zu Kreuzwegen auch Copper, S. 23 ff.; dass Vampire im Wesentlichen nachts aktiv sind, wird auch durch neuere Begebenheiten von Vampirfällen bestätigt, vgl. Durham, S. 189 f.; zur Nacht auch Schmitt, S. 195 ff.

Miniaturvampire: *Grzimeks Enzyklopädie*, Säugetiere, 5 Bde. (plus Indexband), München 1988, Bd. 1, s. v. Fledertiere; Bächtold-Stäubli, s. v. Fledermaus; Kreuter, S. 17 zu den Eckzähnen; und siehe auch ebd., S. 31; Bertschik/Tuczay, S. 57; Oinas, S. 109; Burkhart, S. 69; Marigny 1985, S. 26 ff.; 307 ff.; Meurer, S. 110 ff.; Copper, S. 59.

Werwolf: Eingangsgeschichte aus Krauss 1908, S. 139 f.; allgemeine Informationen v. a. in Hertz, Müller, Baring-Gould und Summers 1966; Burkhart, S. 96 ff. (Wolfszauber aus Russland); Krauss 1887, S. 67; Perkowski 1989, S. 37 ff.; Ridley; Schneeweis, S. 10 f.; Mannhardt, S. 263 ff.; Hanus, Wer-Wölfe, S. 196 ff.; Andree, S. 70 ff.; Lykanthropie: Peters, U. H.: *Wörterbuch der Psychiatrie und medizinischen Psychologie*, München 1984; Porphyrie: Kreuter, S. 98 ff.; Angabe über Tallar bei Bertschik/Tuczay, S. 124 f.; Geschichte aus Dänemark nach Baring-Gould, S. 109 f.; Geschichte aus Schleswig-Holstein nach Meyer, G. F., *Schleswig-Holsteiner Sagen*, Jena 1929, S. 308; Andree, S. 67 ff.; Metraux, S. 303; Zitat Kreuter, S. 45, Anm. 177; Borrmann, S. 36 ff.; Sinti: Vukanovic 1959, S. 49 f.; Zitat aus Petronius: *Satiricon*, Hg. v. C. Hoffmann, Tübingen 1948, S. 127 f.

Untote: Wiedergänger: Geschichte aus Westerstede in: Strackerjan, S. 196 f.; Informationen in Bächtold-Stäubli, s. v. Wiedergänger und Strackerjan, S. 135 ff.; Lecouteux 1987, S. 32 ff.; Kreuter, S. 20 ff.; Tuczay in Bertschik/Tuczay, S. 62 ff.; Lambrecht, S. 51 ff.; DuBoulay, S. 221 ff.; Neuntöter: Lecouteux 2001, S. 87 ff.; zu Alb etc.: auch Petzoldt, s. v. Zombie: Bunson, s. v. Zombie; Dewisme; Metraux, S. 280 ff.; Geschichte vom Zombie aus Metraux, S. 283 f.; Nachzehrer: Schürmann; Klaukien; Kreuter; Schroeder, S. 10; Tuczay in Bertschik/Tuczay, S. 73 ff.; Bächtold-Stäubli, s. v. Nachzehrer; Klapper, S. 60 ff.; Lecouteux 2001, S. 95 ff.; Ghul: Zitat aus *Tausend und eine Nacht* in der Ausgabe vom Karl Müller Verlag Erlangen, (Nachdr. d. Ausg. von

1865) 3. Band, S. 164; *Encyclopaedia of Religion and Ethics*, 12. Bde. (plus Indexband), hg. v. J. Hastings 1926, Bd. 1, S. 256; Marigny 1985, S. 24, der den Ghul als nahen Verwandten des Vampirs sieht, obgleich er meint, die einen seien Dämonen, die anderen Untote; Geschichte vom Pantoffel in: Kuhn, A., *Sagen, Gebräuche und Märchen aus Westfalen und einigen andern, besonders den angrenzenden Gegenden Norddeutschlands*, Bd. 1, Leipzig 1859, S. 174 f. (Nr. 183); Reichsgräfin: Schürmann, S. 21; Gerschke, S. 90 ff.; Wiegelmann, S. 169 ff.; Schmatzende Tote: Schürmann, S. 60; Zitat aus dem Hexenhammer: J. Sprenger/H. Institoris, *Der Hexenhammer (Malleus maleficarum)*, München 1982, Teil I, S. 190; Kreuter, S. 22 f.; Lambrecht, S. 54; zu Doppelsauger auch Schwebe, S. 240 ff.; Andree, S. 85 f.; Vampire und Hexen: Oinas, S. 108; Bertschik/Tuczay, S. 73 ff.; Kreuter S. 105 ff.; Durham, S. 190 ff.; Klapper, S. 65 ff.; Weslowski, S. 211 ff. zu Geschichten, die exakt auch für Hexen erzählt werden; Klaniczay 1991, S. 73 ff.; Lambrecht, S. 49 f.; Burkhart, S. 90 ff.; Schmitt, S. 96, Marigny, S. 62 f. und Schroeder, S. 24 f.; Havekost, 19 f. (zu Wilhelm von Newburgh).

Schutz und Abwehr: Bericht aus Schlesien aus Klapper, S. 77, wiedergegeben auch bei Lambrecht, S. 61; siehe auch Hock, S. 28 ff.; Schneeweis, S. 10 ff.; Krauss 1908, S. 133 ff.; Tuczay in: Bertschik/Tuczay, S. 77 ff.; Marigny, S. 22 ff.; Oinas, S. 108 ff.; Mannhardt, S. 260 ff. (Zitat des Viehhirten, S. 266); Geschichte aus Danzig in: Krauss 1887, S. 67; Geschichte aus Ontario übesetzt nach Perkowski 1972, S. 28; Geschichte aus London in: Oinas, S. 110; Lambrecht, S. 53 f., 61 f.; Gerschke, S. 93; Burkhart, S. 73; Schwebe, S. 244 ff.; Murgoci, S. 326 ff.; Summers 1929, S. 203 ff. usw. und ders. 1968, S. 117 (Steinhaufen) usw.; Vukanovic 1957, S. 130; Lecouteux 2001, S. 120 f.

Reiz der Erotik: Anfangsgeschichte aus Südrussland in: Jaworskij, S. 335 f.; Bertschik/Tuczay, S. 44 ff., 105 ff.; 170 ff. usw.; Zitat aus S. Przybyszewski, in: *De profundis und andere Erzählungen* (Werke, Bd. 1), hg. v. M. M. Schardt, Paderborn 1990; zur vampirischen Femme Fatale; Cella in: Bertschik/Tuczay, S. 185 ff.; Borrmann, S. 231 ff.

Liebster im Sarg: Geschichten im Wesentlichen aus Vampirclub: www.vampirclub.de. Anfangsgedicht, Teil eines Gedichtes von »Schwarzleben« ebd.

Psivamps: Habour, Reeder, Stone und Internet. http://alt.magie-com.de; Ramsland: S. 24, 29, 237 ff.

Vampyre und Goths: Ramsland; Radkowsky, S. 48 ff.; Zitat aus Forum: http://www.allmystery.de/themen/mt9207-3; http://www.the-covenorganization.com/-deconstructing-the-myths-of-vampire-folk-lor-and-examining-the-truths-of-moder-day-vampires/; www.strigoi-vii.org; vgl. auch Benecke; www.tatort-tarot.de (Vampirszene in der Schweiz); www.nachtwelten.de; www.wald-der-naechte.de/Keller/ GOTHCODE.HTM: www.gothic-info.de; Ramsland: 21 ff., www. sanctuarium.de; www.beliefnet.com; Zitat zu den »misconceptions« in Rollenspielen bei www.geocities.com; www.darkside-gs.de; www. timeforfantasy.de/Vampire; www.villa-fledermaus.de; www.blutge-flüster.de

Der perfekte Grenzgänger: Kreuter, u. a. S. 28; Bertschik/Tuczay, S. 38 ff.; von Hentig, S. 58 ff., 119 ff.; Marigny 1985, S. 28 ff.; Ramsland, S. 30 f.

Ausgewählte Literatur

Aichele, W. (Hg.): Zigeunermärchen, Jena 1926.

Andree, R.: Ethnographische Parallelen, Stuttgart 1878.

Anhalt, U.: Der Werwolf. Ausgewählte Aspekte einer Figur der europäischen Mythengeschichte unter besonderer Berücksichtigung der Tollwut, Hannover 1999 (Magisterarbeit, im Internet abrufbar).

Aylesworth, T. G.: The Story of Vampires, New York 1977.

Bächtold-Stäubli, H. u. a. (Hg.): Handwörterbuch des deutschen Aberglaubens, 10 Bde., Berlin 1927–42.

Bandini, D. u. G.: Das Drachenbuch, München 2002.

Barber, P.: Vampires, Burial and Death, New Haven (Conn.) u. a. 1988.

Baring-Gould, The Book of the Were-Wolves. Being an account of a Terrible Superstition, New York 1973.

Baumann, E. D.: Vampires, New York 1977.

Benecke, M.: Vampire unter uns. Jugendliche Vampirsubkulturen, in: Bertschik/Tuczay (s. u.), S. 285–302.

Bertschik, J. und Ch. A. Tuczay (Hg.): Poetische Wiedergänger. Deutschsprachige Vampirismus-Diskurse vom Mittelalter bis zur Gegenwart, Tübingen 2005.

Borrmann, N.: Vampirismus oder die Sehnsucht nach Unsterblichkeit, München 1998.

Bourre, J.-P.: Dracula et les Vampires, Monaco 1981.

Bradburne, J. M. (Hg.): Blut, Kunst, Macht, Politik, Pathologie, München u. a. 2001.

Bruiningk, H.v.: Der Werwolf in Livland und das letzte im Wendenschen Landgericht und Dörptschen Hofgericht i. J. 1692 deshalb stattgehabte Strafverfahren, in: Mitteilungen aus der livländischen Geschichte 22/1922–28, S. 163–220.

Bunson, M.: Das Buch der Vampire. Ein Lexikon, Bern u. a. 1997.

Burkhart, D.: Kulturraum Balkan: Studien zur Volkskultur und Literatur Südosteuropas, Berlin/Hamburg 1989.

dies.: Vampirglaube und Vampirsage auf dem Balkan, in: Beiträge zur Südosteuropa-Forschung, München 1966, S. 211–252.

Carter, M. L. (Hg.): The Vampire in Literature. A Critical Bibliography, Ann Arbour (Mich.)/London 1993.

Cazacu, M.: L'Histoire du Prince Dracula en Europe centrale et orientale (XVe siècle): présentation, édition critique, traduction et commentaire, Genève 1988.

Copper, B.: Der Vampir in Legende, Kunst und Wirklichkeit, Leipzig 2005 (erste ungekürzte Übers. der Ausgabe von 1973).

Cox, A. M.: Porphyria and Vampirism: Another Myth in the Making, in: Postgraduate Medical Journal 71/1995, S. 643 f.

Cremene, A.: La mythologie du vampire en Roumanie, Monaco 1981.

D'Elvert, Ch.: Die Vampyre in Mähren, in: Schriften der historisch-statistischen Section der k. k. mährisch-schlesischen Gesellschaft 12/1859, S. 410–421.

Dewisme, C.-H.: Les zombis ou le secret des morts-vivants, Paris 1957.

Di Nola, A.: Der Teufel. Wesen, Wirkung, Geschichte, München 1997 (3. Aufl.).

Draculas großes Vampirlexikon, CD-ROM (H. Martini, A. Löb, F. Schneidewind, H. Stempfle), Feldkirchen 1997.

Dresser, N.: American Vampires. Fans, Victims and Practitioners, New York 1989.

DuBoulay, J.: The Greek Vampire: A Study of Cyclic Symbolism in Marriage and Death, in: Man, N. S. 17/2/1982, S. 219–238.

Durham, M. E.: Of Magic, Witches and Vampires in the Balkans, in: Man 23/1923, S. 189–192.

Faivre, T.: Les Vampires, Paris 1962.

Farson, D.: The Man who wrote Dracula. A Biography of Bram Stoker, New York 1976.

Fischer, W.: Dämonische Mittelwesen. Vampir und Werwolf in Geschichte und Sage, Stuttgart 1906.

Flocke, P.: Vampirinnen: Ich schaue in den Spiegel und sehe nichts. Die kulturellen Inszenierungen der Vampirin, Tübingen 1999.

Frater Piarus (Pseud.): Vampire und Blutrituale, Leipzig 2003.

Gerschke, L.: Vom Vampirglauben im alten Westpreußen, in: West-preußen-Jahrbuch 12/1962, S. 89–94.

Ginzburg, C.: Freud, der Wolfsmann und die Werwölfe, in: Zeitschrift für Volkskunde 82/1986, S. 189–199.

Gladwell, A. O.: Blood and Roses. The Vampire in 19th Century Literature, London 1992.

Goens, J.: Loups-garous, vampires et autres monstres. Enquêtes médicales et littéraires, Paris 1993.

Grenz, R.: Archäologische Vampirbefunde aus dem westslawischen Siedlungsgebiet, in: Zeitschrift für Ostforschung 16/1967, S. 255–265.

Grober-Glück, G.: Der Verstorbene als Nachzehrer, in: Atlas der deutschen Volkskunde, Neue Folge, hg. von M. Zender, Erläuterungen, 2, Marburg 1966–82, S. 427–456.

Haase, F.: Volksglaube und Brauchtum der Ostslaven, Hildesheim 1980.

Haining, P.: A dictionary of Vampires, London 2000.

Hamberger, K.: Über Vampirismus, Krankengeschichten und Deutungsmuster 1801–1899, Wien 1992.

ders.: Mortuus non mordet. Dokumente zum Vampirismus 1689–1791, Wien 1992.

Hanus, J. J.: Die Wer-Wölfe oder Vlko-Dlaci, in: Zeitschrift für deutsche Mythologie und Sittenkunde, 4/1859, S. 193–198.

ders.: Die Vampyre, in: Zeitschrift für deutsche Mythologie und Sittenkunde, 4/1859, S. 198–201.

Harbour, D.: Achtung, Energie-Vampire! Das Praxisbuch für den psychischen Selbstschutz, Bern 1999.

dies.: Energievampire mit Liebe besiegen. Neue Methoden gegen psychischen Energieraub. München 2007.

Harmening, D.: Der Anfang von Dracula. Zur Geschichte von Geschichten, Würzburg 1983.

Haumann, H.: Dracula und die Vampire Osteuropas, in: Zeitschrift für Siebenbürgische Landeskunde, 4. F./28/2005/1.

Havekost, E.: Die Vampirsage in England. Dissertation, Halle-Wittenberg 1914.

von Hentig, H.: Der nekrotrope Mensch. Vom Totenglauben zur morbiden Totennähe, Stuttgart 1964.

Hertz, W.: Der Werwolf. Beitrag zur Sagengeschichte, Stuttgart 1862.

Hock, S.: Die Vampyrsagen und ihre Verwertung in der deutschen Litteratur, Berlin 1900.

Hodder, W. R.: The Vampire, London 1913.

Höhl, Th.: Coole Vampire. Von Angel bis Spike. Alles über die beliebtesten Blutsauger, Königswinter 2004.

Hovorka, O.v. und A. Kronfeld: Vergleichende Volksmedizin, 2 Bde., Stuttgart 1908–09.

Hurwood, B. J.: Vampires, Werewolves and Ghouls, New York 1968.

ders.: Vampires, New York 1981.

Jänsch, E.: Vampirlexikon, Augsburg 1995.

Jaworskij, J.: Südrussische Vampyre, in: Zeitschrift des Vereins für Volkskunde, 8/1898, S. 331–336.

Jellinek, A. L.: Zur Vampyrsage, in: Zeitschrift des Vereins für Volkskunde 14/1904, S. 322–328.

Jühling, J. (Hg.): Die Liebeszaubereien der Gräfin Rochlitz. Reprint der Originalausgabe von J. F. Klotzsch, Stuttgart 1914 (gebundene Ausgabe), Wolfenbüttel 2006.

Kelschebach, A.: Wer war Dracula? Biographie eines Vampirs, Essen 1991.

Klaniczay, G.: Heilige, Hexen, Vampire. Vom Nutzen des Übernatürlichen, Berlin 1991.

Klapper, J.: Die schlesischen Geschichten von den schädigenden Toten, in: Mitteilungen der schlesischen Gesellschaft für Volkskunde, 12/1910, S. 58–93.

ders.: Vampir, Werwolf, Hexe. Mitteilungen aus Handschriften, in: Mitteilungen der schlesischen Gesellschaft für Volkskunde, 12/1910, S. 180–185.

Klaukien, O.: Archäologische Beobachtungen zu Kontinuität und Wandel der »Nachzehrer«- und »Vampirvorstellung«, Hamburg 1996.

Klemens, E.: Dracula und »seine Töchter«. Die Vampirin als Symbol im Wandel der Zeit, Tübingen 2004.

Knobloch, J.: Alb und Vamp. Die Internationalität des Aberglaubens, in: Sprachwissenschaft 14/1989, S. 282 ff.

Kock, H.: Vampire. Fürsten der Finsternis. Wahrheit und Legende, Hamburg 1998.

Köpeczi, B.: Les Vampires de Hongrie. Un scandale des lumières. In: Artes populares 7/1981, S. 87–105.

Köppl, R. M. (Hg.): 100 Jahre Dracula, Wien 1998.

Krauss, F. S.: Slavische Volkforschungen. Abhandlungen über Glauben, Gewohnheitsrechte, Sitten, Bräuche und die Guslarenlieder der Südslaven, Leipzig 1908.

ders.: Vampirglaube in Serbien und in Lithauen, in: Mittheilungen der Anthropologischen Gesellschaft in Wien 17/1887, S. 67 f.

Kremer, P.: Draculas Vettern. Auf der Suche nach den Spuren des Vampirglaubens in Deutschland, Düren 2006.

Kreuter, P. M.: Der Vampirglaube in Südosteuropa. Studien zur Genese, Bedeutung und Funktion. Rumänien und der Balkanraum, Berlin 2001.

Kroner, M.: Dracula: Wahrheit, Mythos und Vampirgeschäft, Heilbronn 2005.

Lambrecht, K.: Wiedergänger und Vampire in Ostmitteleuropa, in: Jahrbuch für deutsche und osteuropäische Volkskunde 37/1994, S. 49–77.

Le Blanc, Th. u. a. (Hg.): Draculas Wiederkehr. Vampirismus in Geschichte und Kultur, Wetzlar 2003.

Lecouteux, C.: Die Geschichte der Vampire. Metamorphose eines Mythos, Zürich 2001 (aus dem Französ. v. H. Ehrhardt).

ders.: Geschichte der Gespenster und Wiedergänger im Mittelalter, Köln/Wien 1987.

Leskien, A. (Hg.): Balkanmärchen aus Albanien, Bulgarien, Serbien und Kroatien, Jena 1925.

Leubuscher, R.: Werwölfe und Tierverwandlungen im Mittelalter. Ein Beitrag zur Geschichte der Psychologie, Berlin 1850.

Lottes, W.: Dracula & Co. Der Vampir in der englischen Literatur, in: Herring-Archiv 220/1898, S. 285–299.

Mannhardt, W.: Über Vampyrismus, in: Zeitschrift für deutsche Mythologie und Sittenkunde, 4/1859, S. 259–282.

ders.: Die Wer-Wölfe oder Vlko-Dlaci, in: Zeitschrift für deutsche Mythologie und Sittenkunde 4/1859, S. 193–198.

Marigny, J.: Le Vampire dans la littérature anglo-saxonne, Paris 1985.

ders.: Sang pour sang. Le réveil des vampires, Paris 1993.

ders.: Le vampire dans la littérature du XXe siècle, Paris 2003.

Markale, J.: L'énigme des vampires, Paris 1991.

Märtin, R. P.: Dracula. Das Leben des Fürsten Vlad Tepes, Berlin 2001.

Mascetti, M. D.: Vampire. The Complete Guide to the World of the Undead, New York 1992.

Masters, A.: The Natural History of the Vampire, London 1972.

McClelland, B. A.: Sacrifice, Scapegoat, Vampire: The Social and Religious Origins of the Bulgarian Folkloric Vampire, Virginia 1999.

McNally, R. und R. Florescu: Auf Draculas Spuren. Die Geschichte des Fürsten und der Vampire, Berlin 1996.

Melton, J. G.: The Vampire Book. The Encyclopedia of the Undead, Detroit u. a. 1994.

Metraux, A.: Voodoo in Haiti, London 1972 (2. Aufl.).

Meurer, H.: Vampire. Die Engel der Finsternis. Der dunkle Mythos von Blut, Lust und Tod, Freiburg i. Br. 2001.

Müller, K.: Die Werwolfsage. Studien zum Begriff der Volkssage, Karlsruhe 1937.

Murgoci, A.: The Vampire in Roumania, in: Folk-Lore, 37/1926/4, S. 320–349.

Neu, P.: Der Nachzehrer. Ein Beitrag zu Totenbrauchtum und Totenkult in der Eifel im 17. Jahrhundert, in: Rheinisch-westfälische Zeitschrift für Volkskunde 30–31/1985–86, S. 225 ff.

Oinas, F.: East European Vampires & Dracula, in: Journal of Popular Culture 16, H.1/1982, S. 108–116.

Perkowski, J. L.: The Darkling. A Treatise on Slavic Vampirism, Columbus (Ohio) 1989.

ders.: The Romanian Folkloric Vampire, in: East European Quarterly 16, 1982/H.3, S. 311–322 (Online).

ders.: Vampires of the Slavs, Cambridge (Mass.) 1976.

ders.: Vampires, dwarves, and witches among the Ontario Kashubs, Ottawa 1972.

Petzoldt, L.: Kleines Lexikon der Dämonen und Elementargeister, München 1995 (2. Aufl.).

Pütz, S.: Vampire und ihre Opfer. Der Blutsauger als literarische Figur, Bielefeld 1992.

Radkowsky, B.: Moderne Vampyre. Mythos als Ausdruck von Persön-
lichkeit, Neusäß 2005.

Ramsland, K.: Vampire unter uns. Ein Undercoverbericht, Köln 1999.

Ranfft, M.: De masticatione mortuorum in tumulis (Oder von dem
Kauen und Schmatzen der Todten in Gräbern), Lipsiae 1728.

Reeder, J.: Keine Chance für Energie-Vampire, München 2002.

Rein-Hagen, M.: Vampire. Die Maskerade. Ein Erzählspiel um persönlichen Horror, Mannheim 1999.

Ridley, R.: Wolf and Werewolf in Baltic and Slavic Tradition, in: Journal of Indo-European Studies IV/1976/4, S. 321–331.

Schell, O.: Reste des Vampyrglaubens im Bergischen, in: Zeitschrift
des Vereins für rheinische und westfälische Volkskunde 18/1921,
S. 21 ff.

Schmitt, J.-C.: Die Wiederkehr der Toten. Geistergeschichten im Mittelalter, Stuttgart 1995 (aus d. Französ. von L. Gränz).

Schneeweis, E.: Serbokroatische Volkskunde, Berlin 1961.

Schneidewind, F.: Das Lexikon rund ums Blut, Berlin 1999.

Schroeder, A.: Vampirismus. Seine Entwicklung vom Thema zum Motiv, Frankfurt a. M. 1973.

Schürmann, Th.: Nachzehrerglauben in Mitteleuropa, Marburg 1990.

Schwebe, J.: Spuren wendischer Nachzehrer-Vorstellungen im östlichen Niedersachsen, in: Rheinisches Jahrbuch für Volkskunde, 10/
1959, S. 238–252.

Senn, H. A.: Were-Wolf and Vampire in Romania, New York 1982.

Silberschmidt, A.: Von den blutsaugenden Toten oder philosophische
Schriften der Aufklärung zum Vampirismus, Nürnberg 2006.

Starr, D.: Blut. Stoff für Leben und Kommerz, München 1999.

Steiner, O.: Vampirleichen. Vampirprozesse in Preußen, Hamburg
1959.

Stetson, G. R.: The Animistic Vampire in New England, in: American
Anthropologist, 9/1896/1, S. 1–13.

Stevenson, J.: The Complete Idiot's Guide to Vampires, Indianapolis
2002.

Stewart, C. T.: The Origin of the Werewolf Superstition, in: University
of Missouri Studies 2/1909, S. 1–37.

Stoker, B.: Dracula. Ein Vampirroman, München 5. Aufl. 1981, über-
setzt von Stasi Kull.

Stone, M.: Energievampire: Erkennen, meiden, abwehren, München 2006.

Strack, H. L.: Das Blut im Glauben und Aberglauben der Menschheit, Leipzig 1911.

Strackerjan, L.: Aberglaube und Sagen aus dem Herzogtum Oldenburg, Oldenburg 1909.

Striedter, J.: Die Erzählung vom walachischen Vojevoden Drakula in der russischen und deutschen Überlieferung, in: Zeitschrift für slavische Philologie 29/1961, S. 398–427.

Strübe, K.: After Nightfall. Zur Geschichte des Vampirs in Literatur und Film, Marburg 2006.

Stülzebach, A.: Vampir- und Wiedergängererscheinungen aus volkskundlicher und archäologischer Sicht, in: Concilium medii aevi 1/1998, S. 97–121.

Sturm, D., und K. Völker (Hg.): Von denen Vampiren, München 1994.

Summers, M.: The Vampire in Europe, New York 1968 (neuer Titel: The Vampire in Lore And Legend, New York 2001).

ders.: The Vampire. His Kith and his Kin, London 1929 (neuer Titel: Vampires and Vampirism, New York 2005).

ders.: The Werewolf, New York 1966.

Thorne, T.: Kinder der Nacht. Die Vampire sind unter uns, Berlin 2002.

Twitchell, J. B.: The Living Dead. A Study of the Vampire in Romantic Literature, Durham 1981.

Villeneuve, R.: Loups-garous et Vampires. Les Amants de la Mort, Paris/Genève 1963.

Volta, O.: Le Vampire. La mort, le sang, la peur, Paris 1962.

Vukanovic, T. P.: The Vampire, in: Journal of the Gypsy Lore Society 36/1957, S. 125–133; 37/1958, S. 21–31 und S. 111–118; 38/1959, S. 44–55.

Weslowski, E.: Die Vampirsage im rumänischen Volksglauben, in: Zeitschrift für österreichische Volkskunde 16/1910, S. 216.

Wiegelmann, G.: Der ›lebende Leichnam‹ im Volksbrauch, in: Zeitschrift für Volkskunde 62/1966, S. 161–183.

Wilson, K. M.: The History of the Word ›Vampire‹, in: Journal of the History of Ideas 46/1985, S. 577–583.

Wlislocki, H. von: Vom wandernden Zigeunervolke. Bilder aus dem Leben der Siebenbürger Zigeuner, Hamburg 1890.

ders.: Volksglaube und religiöser Brauch der Zigeuner, Münster i.W. 1891.

ders.: Märchen und Sagen der Bukowinaer und Siebenbürger Armenier, Hamburg 1892.

Wright, D.: The Book of Vampires. Vampires and Vampirism, New York 1973.

Register

A

Afrika 113 f.
Alb 111
Allgäu 89
Amulette gegen Vampire 15
Andreastag 57, 131
Arcaine 46
Asche 129 ff., 151
Aufhocker 111
Auraschutzübung 158
Aussehen von Vampiren 55

B

Balkan 56
Báthory, Erzsébet (Elisabeth)
    40 f.
Bibel 80 f., 87
Black Veil sh. Schwarzer Schleier
Blut 27, 36, 38 ff., 42 f., 45, 48, 51,
    54, 56, 71–75, 78 ff., 124, 159,
    170 f.
Blutgräfin sh. Báthory, Erzsébet
Blutprobe 78
Blutsaugen 120, 123
Bluttrinken 76 f., 80, 84 f., 136,
    145, 168, 177, 187
Blutwunder 82
Böhmen 72
Böser Blick 60, 127
Bosnien 78
Bosnien-Herzegowina 52

Botta, Leonardo 35
Breslau 130
Bulgarien 53, 56

C

Carmilla 13 ff., 25, 56, 138, 142
Ceaușescu, Nicolaie 35
Coleridge, Samuel Taylor 18 f.
Coppola, Francis Ford 23, 27
Cybervampir 166

D

Dänemark 102
Danzig 133
Dhampir 57
Donor sh. Spender
Doppelsauger 119
Drache 10, 30, 46 f.
Drachenorden 30
Dracula 21 ff., 56, 138, 143, 185
Dracula, historischer 29 ff.
Druckgeist 111
Dummolard, Martin 42

E

Eibenholz 129
Eisen 60, 131
Elb 48, 61
Elfe 46, 135
Elster 112
Energievampir 155 ff.

Engel 187
England 134
Erlösung 136
Ernährung des Vampirs 73
Erotik 138
Erotik des Vampirs 139 ff.
Exorzismus 113

F
Fee 88, 106
Fenriswolf 107
Ferrell, Rod 45 f., 51, 177
Flederhund 95
Fledermaus 24, 36, 54, 90 ff., 186
Fledermausblut 93 f.
Fliege 54, 95
Floh 54
Flughund 95
Frankreich 93
Friedhof 55, 57, 66 f., 89, 126, 181

G
Gandharva 76
Gemeiner Vampir 96
Georgstag 57, 131, 133
Ghul 7, 109, 116, 122, 125
Gierhals 117
Glückshaube 59
Goethe, Johann Wolfgang von
    185
Goth 86, 186, 188
Goth/Gothic 178 ff.
Gothcode 181, 182, 183
Gothszene 168 ff.
Grab 52, 54 ff., 58, 60, 71, 73 f.,
    76, 109, 111 f., 114, 116–120,
    122 f., 126 f., 130, 133, 135
Grabbeigabe 127

Graf Dracula 22 ff.
Griechenland 71, 107, 127

H
Haarmann, Fritz 37 f.
Hahn/Huhn 55, 90, 95
Haigh, John George 39
Haiti 103, 113
Harker, Jonathan 22 f., 25
Hasel 133
Hebamme 59
Heidelberg 120
Heine, Heinrich 184
Hexe 54, 58, 61 f., 95, 101, 124,
    128, 186
Hexensalbe 62
Hexentanz 58
Hexentier 90
Hostien 24
Human Living Vampires 168
Hund 112
Hünengrab 89
Hunyadi, János (Johann) 31

I
Incubus 110, 141, 167
Irland 128
Irrlicht 57, 112
Italien 93

J
Januarius (San Gennaro) 82

K
Kammzahnvampir 96
Karpaten 22
Katharina von Alexandrien 82
Katze 54, 90, 113

Knoblauch 24, 70, 103, 129, 131,
    151, 172, 188
Knoblauchzehe 134
Kontaktbiss 60
Kontaktsaugen 164 f.
Koran 80
körperliche Abnormität 66
Krähe 90, 112
Kreuz 131, 151, 172, 188
Kreuz aus Pappelholz 128
Kreuzweg 57, 89 f., 112
Kroatien 98
Kröte 54
Kürten, Peter 39

L

Le Fanu, Joseph Sheridan 18, 142
Lebender Leichnam 109, 110
Lebenskraft 77
Léger, Antoine 42
Liebeszauber 80
Lord Ruthven 20
Lukassegen 127
Lykanthropie 102 f.

M

Mähren 54
Massai 79
Massenmörder 37 ff.
Matthias I. Corvinus 31
Mazedonien 53
Mecklenburg 92, 119
Meditation 157 f.
Mehmed II. Sultan 34 f.
Menstruationsblut 80
Monster von Montluel sh. Dum-
    molard, Martin
Moravien 72

N

Nacht 85– 90, 107, 151, 181, 186
Nachtmahr 111
Nachzehrer 71, 109, 117 ff., 128
Natter 52
Neapel 82 f.
Nekrophilie 184
Neuntöter 113
Neuschottland 81
Norwegen 128
Novalis 185

O

Oldenburg 78, 111
Ordo Strigoli VII. 174 f.
Ovid 94

P

Pest 121
Pfahl 24, 52, 74, 129, 178
Pferd 54
Plinius der Ältere 92
Polidori, John William 20
Porphyrie 102
Przybyszewski, Stanislaw 142
Psionisten 160
Psivampir 155 ff., 168, 172, 187

R

Rabe 90
Radu 31, 34
Rais, Gilles de 30
Rice, Anne 11, 135, 147 f., 169, 178
Rochlitz, Magdalena Sibylla von
    118
Rollenspiele 10, 46, 178
Rollenspiel Vampire: The Mas-
    querade 46, 48 ff.

Rumänien 36, 53, 58, 62 f., 71, 75, 133
Russland 99

S
Salz 114, 134
Sarg 60
Satan sh. Teufel
Satanskult 177
Saugtechnik 164
Schatten 56, 60
Scheintote 114, 121
Schmatzen 120 f.
Schmatzende Tote 109, 119
Schmetterling 54, 95
Schornsteinfeger 91
Schwaben 93
Schwarze Szene 179
Schwarzer Schleier 175
Seele 57, 81 f., 94, 111, 122, 185
Serbien 53, 71, 73
Shelley, Mary 20
Siebenbürgen siehe Transsylvanien
Siegerland 118
Silberkugel 101, 151
Silvester 80, 88
Spanien 93
Spender 170
Spiegelbild 55
Spiele 89
Spinne 54
Spökenkieker 59
Sprache des Vampirs 163
Steiermark 79
Sternschnuppe 112
Stoker, Bram 11, 21, 36, 57, 85, 95, 141, 143, 185

Succubus 110, 141, 167
Südrussland 141
Südslawen 53, 71, 107

T
Teufel 30, 45, 82, 90 f., 101, 112, 175
Tiamat 175
Tierkleid 106
Tierverwandlungen 103
Titus Petronius Arbiter 104
Todd, Father Sebastian 174 f.
Tollwut 43, 102
Trance 57
Transsylvanien 23, 25, 30 ff., 75
Troll 57
Türkei 31–34, 145

U
Übermenschliche Fähigkeiten des Vampirs 57
Ungarn 31 f., 34, 41, 72
Untote 110, 141, 172, 178
Upir 53, 71

V
Vacher, Joseph 42
Vambery, Hermann (Arminius) 22
Vampir, elementarer 166
Vampir, emotionaler 166
Vampir, sexueller 166
Vampirin 13 ff., 19, 24, 27, 41, 142 f., 147, 150
Vampyre 168 ff., 186 f.
Vampyrjournal 49
Verwandlung von Vampiren 54
Verzeni, Vincenzo 43 f.

Vesago 45 f.
Vlad Dracul 30
Vlad Tepeş 32 ff., 37
Vogel 54
Vollmond 58, 131
Voodoo 90, 113 ff.,
Vorarlberg 81
Vukodlak 108

W
Walachei 30–35
Wanze 54
Wechselbalg 141
Weißdorn 52, 127, 129
Weiße Frau 111
Weißflügelvampir 96
Wertier 76, 103

Werwolf 58, 97– 101, 111, 116, 124,
   135, 142
Werwolfgürtel 101
Wiedergänger 72, 94, 109–113,
   117, 122, 125, 128, 136 f.
Wilde, Oscar 81
Wolf 24
Wolfshirt 107

Z
Zauber 91, 114 ff., 122
Zauberer 116
Zauberer 88, 90, 99, 149
Zauberspruch 94, 99 f.
Zigeuner 57, 68
Zombie 109, 113 ff., 122, 125
Zwerg 48, 61, 66, 88

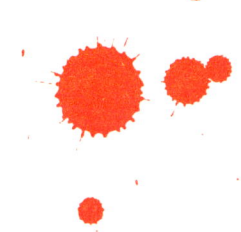

Bildnachweis

S. 7 Robert Gernhardt, Nachricht über die Ghoule, aus: ders., Vom Schönen, Guten, Baren, © S. Fischer Verlag GmbH, Frankfurt am Main 2007 • S. 16 ›Camilla‹, Gemälde von D. M. Friston • S. 19 Lord Ruthven, Illustration von 1850 • S. 21 Cover der Taschenbuchausgabe ›Dracula‹, 1901 • S. 23 Porträt Bram Stoker • S. 26 Titelblatt einer ›Dracula‹-Ausgabe von 1916 • S. 29 Abzeichen des Drachenordens • S. 30 Vlad Tepeş, Gemälde aus dem 16. Jahrhundert • S. 33 Festgelage mit Gepfählten, Holzschnitt von 1500 • S. 41 ›Blutgräfin‹ Elisabeth Bárthory • S. 44 Teufel-Darstellung, Radierung von Gustave Doré • S. 50 ›Bloodlines‹, Internetgame • S. 54 Hexen-Darstellung von F. Kaskeline • S. 55 Bilderwitz aus www.vampyrbibliothek.de • S. 58 Vampirin steigt aus dem Grab, Illustration aus dem frühen 18. Jahrhundert • S. 63 Chilenischer Vampir, Illustration von 1784 • S. 65 Geist mit Sense, Gemälde aus dem frühen 18. Jahrhundert • S. 66 Irischer Vampir, Illustration von 1885 • S. 69 ›Der Vampyr‹, Abb. aus ›Orphea‹, 1831 • S. 72 Frontispiz zu Ranft ›Tractate‹, 1734 • S. 79 Illustration aus ›Dracula‹-Roman 1897 • S. 85 ›Gothic woman with witches brew‹, © varioimages • S. 92 Fledermaus mit Teufelskopf • S. 97 Mopsfledermaus, Foto: Bandini • S. 99 Werwolf-Darstellung, Stich aus dem 17. Jahrhundert • S. 100 Werwolf-Illustration von Hartmann Schedel, 1514 • S. 103 Werwölfe, Stich von Maurice Sand • S. 104 Verwandlung in einen Werwolf, Holzschnitt von Lucas Cranach. Ä., 1512 • S. 110 Incubus, Stich von C. Gilbert • S. 115 ›Der lebendig Begrabene‹, Illustration von A. Wiertz, 1840 • S. 117 Zeichnung eines Ghouls auf www.dear-death.com • S. 118, 119, 120, 123 Ghoul-Darstellungen aus einem Buch mit ›Geschichten aus Tausendundeiner Nacht‹ • S. 126 Cartoon »Schlimm!« von Rudi Hurzlmeier • S. 129 Pfählung einer jungen Frau, Gemälde von Jean Martin-Bontoux • S. 132 Pfählung eines Skeletts, Lithografie von R. de Moraine • S. 137 Der Vampir im Salon‹, Stahlstich aus viktorianischer Zeit, bearbeitet von Max Ernst • S. 140 ›Dämoninnen der

Wollust‹, Gemälde von Gustave Doré • S. 143 ›Die Drud‹, Gemälde von Wilhelm Schade • S. 144 ›Der verliebte Vampir‹, Stich von Isabelle Drouin • S. 149 Sir Francis Varney bedroht sein Opfer‹, Illustration aus ›Varney, the vampire‹ • S. 159 ›Die Spinne‹, Illustration von Hanns Heinz Ewers • S. 173 Zeichnung von Harald Drös • S. 174 Gothic Vamp (Internet) • S. 179 Gothic © ullsteinbild • S. 189 ›Du entgehst mir nicht‹, 72. Blatt der ›Caprichos‹ von Francisco Goya, 1799 • S. 191 Dracula-Maske (Internet)

Farbseiten
1 Gothic Vamp (Internet) • 2 Zeichnung Harald Drös • 3 Edvard Munch, Vampir (1893/94), Vorlage akg images, © The Munch Museum/The Munch Ellingsen/VG Bild-Kunst, Bonn 2008 • 4 Goths © Corbis • 5 Cyber Goth Fashion © Mauritius • 6 Ian D. Marsden, Klassischer Vampir, © Bildarchiv Kleinert • 7 Jonathan Barry, Count Dracula, © Bridgeman Art Library • 8 Gothic Girl (Internet) • 9 Istvan Kolonics, Dracula, © Bridgeman Art Library • 10 Boleslas Biegas, ›Kiss of the Vampire‹, © Bridgeman Art Library • 11 Boleslas Biegas, ›Vampire Viper‹, © Bridgeman Art Library • 12, 13 Gothic Girls • S. 218/219 Landkarte Siebenbürgens aus dem Jahre 1544

Leider ist es uns nicht für alle Abbildungen gelungen, die Rechteinhaber zu recherchieren. Berechtigte Ansprüche werden selbstverständlich nachträglich abgegolten. Bitte wenden Sie sich an den Deutschen Taschenbuch Verlag.

Lempurg Rüse

Carpatus/ berg

Cass̄hau

Vuia Agria

Nö ten

Preburg

Si

Ungern

Varadinū

Gran

Ofen

Seülwyssenb.

Colocia

Segedinū

Drauus fl. S.Kirchen

Peta

Sirfy

Krieches wysse.

Bosna

Saw fl.

Orbelus

Scardona

Scardus

Bisalt

Dalmatia

Ragusiā

Macedonia

Venedig möre.

Dyrrachiū

Peonia

Oriens

Mittag